101 Gedanken eines Rauchers

Ich möchte allen danken,
die mich durch ihre Gespräche bereichert haben.
Insbesondere seien da meine Kollegen Alexander Thiel und Mathias Priede hervorgehoben, die es immer wieder schaffen, einen in interessante Unterhaltungen zu verwickeln und einen zum (um)denken bewegen können. Natürlich danke ich auch meiner Frau Angela, die mich hat dieses Buch schreiben lassen und meinen ganzen Freunden, die ohne viel meckern meinen manchmal verrückten Ideen lauschen, ebenso wie meine erfrischenden Söhne Pieth und Thor. Erwähnen möchte ich auch meinen vor Jahren verstorbenen Vater, den ich immer mehr verstehe, je älter ich werde. Danken sollte ich auch dem Radiosender NDR Info, der mich durch seine Berichte nicht nur gut informiert sondern oft auch inspiriert hat. Ganz Allgemein danke ich allen, die lieber mal die Glotze auslassen und ein gutes Buch zur Hand nehmen. Ich würde mich freuen, wenn mein Buch nicht zu den schlechteren zählt.
Entschuldigen möchte ich mich bei allen, die über meine Schreibfehler stolpern, deren Ton oder Humor ich nicht getroffen habe und bei allen, die sich durch die ein oder andere Aussage in diesem Buch verletzt fühlen. Meine einzige Aurede:
Das musste mal raus.

Bibliografische Information der Deutschen Nationalbibliothek:
Die Deutsche Nationalbibliothek verzeichnet diese Publikation in der Deutschen Nationalbibliografie; detaillierte bibliografische Daten sind im Internet über http://dnb.dnb.de abrufbar.

© 2015 Holger Eckert

Herstellung und Verlag: BoD – Books on Demand, Norderstedt

ISBN: 978-3-7386-3240-8

Inhaltsverzeichnis

Der letzte Raucher..7
Muttertag vs. Vatertag..12
Wie gross muss der Pimmel sein?..14
Ums Geld..15
Hupen ist toll..17
Die Ufos greifen an..19
Der Tag des Zweitjobs...22
Eben schnell noch... oder: Die erste Schrauberregel........................23
Die Känguru-Chroniken...27
Marc Uwe Kling mal besuchen..28
Fakten zu E10...32
e-sprit..34
Nur der Harder nicht..38
Wahre unwiderlegbare Aussage..40
Vom Mann, der nicht durch ein Laserschwert getötet werden wollte...44
Autofreier Tag..45
Es gibt Saft, Androidin!..47
Lieb-sein-Tag...49
Schäfchen zählen...51
Ein kleines Gedicht...53
Echtes Geld..54
Hunde aus dem Ausland..56
Unfähige Ninja vs. vorlaute Jugendliche...60
Ich hab heut noch gar nichts gegessen...62
Damals, im Internet..64
Energiebilanz im Körper..67
Kinder Bier holen schicken geht nicht mehr.....................................69
Bis dann...72
Vom Mann, der auszog, um bei Lidl einzukaufen............................74
Jiji jojo lala...76
Windows ist scheisse..78
Warum Windows unschuldig war...82
Disco-Pudding en masse...86
Was kostet denn heute die Milch?...88

Grösster anzunehmender Unfall..90
Fleisch ist Fleisch...92
der Grünkohlsong...95
Nicht öfters...98
Richtig die Biege machen..99
Ich sag da nix zu..101
Holt mich hier raus..102
Weltherrschaft...104
Leergutautomaten..106
Richtig Autofahren im Winter...108
Buckeln vor der modernen Technik...110
Du hast das Spiel nicht verstanden..112
Eben schnell was drucken...114
Und es war Sonntag...118
Das Leiden der Promis..119
Sexismus-Debatte..120
Django zahlt heute nicht..122
Deko..123
Ich brauche ein T-Shirt..125
Verkehr im Nebel..126
Zippo macht es richtig...128
Jeder kann Millionär werden 1..132
Schnauer..135
Wilde Tomate..138
Jeder kann Millionär werden 2..140
Der Herr der Ringe..144
Der Weltuntergang...146
Laika..148
Jeder kann Millionär werden 3..150
Na, wie war dein Urlaub?..151
OK, einen noch…..154
Der blasse blaue Punkt..155

Der letzte Raucher

Ich hatte schon lange die Idee, ein Buch mit dem Titel „der letzte Raucher" zu schreiben. Darin stünden dann viele meiner Gedanken zur Gesellschaft, zur Politik, zum Leben allgemein.
Ab und zu habe ich Phasen, wo ich, ohne lange nachzudenken, lange Monologe von mir gebe und manchmal ist sogar jemand in der Nähe, um aufmerksam zuzuhören. Das geschieht oft in einer Raucherpause und später dann sinniere ich allein über das von mir Gesagte.
Nun folgt ein Buch, wo es nicht immer ums Rauchen geht, aber es gibt die Gedanken eines Menschen (mir) wieder, der mehr raucht als es notwendig ist und ohne die entspannte Fluppe und ohne ein leckeres Bier vermutlich nie auf diese Erkenntnisse gekommen wäre. Seht aber diese Erkenntnisse nicht als die ultimative Wahrheit sondern eher als Anregung, mal über das ein oder andere nachzudenken. Manches soll aber auch einfach nur unterhaltsam sein...

***

Wenn man Nachrichten hört, Zeitung liest und andere Informationen wahrnimmt und miteinander abwägt, dann kann man doch nur zu einer Erkenntnis kommen: Die Welt wird immer verrückter. Das ist sicherlich nichts neues und ich bin nicht der erste, dem das einfällt. Sicher hat schon irgend ein alter Grieche vor tausenden von Jahren das selbe niedergeschrieben. Aber „der Lauf der Zeit" heisst ja so, weil es eben immer weiter geht, eine echte Grenze gibt es nicht.
Vor Jahren wurde mal ein Verbot erlassen: „Das Rauchen auf Schulhöfen ist verboten". Zack, so einfach ist das! Alle Probleme gelöst: Es gibt keine (jungen) Schüler mehr, die sich ihr Leben mit dem Rauchen versauen, nebenbei bleiben die Schulhöfe von einer Müllquelle mehr verschont. Hach, wie ist das Leben schön, wie ist das Leben einfach.

Was, so einfach ist das dann doch nicht? Es wird immer noch gequalmt auf den Höfen der Schulen? Nein, wie kommt denn das? Ich will gar nicht reden von Dingen, die passieren, obwohl sie es nicht sollten, trotz Verbote. Es wird sie immer geben: Geisterfahrer, Mörder, Spammer,

Raucher. Das Leben ist eben nicht einfach; das Leben ist kompliziert. Vielleicht sollte man versuchen, den wahren Kern, den Sinn des Lebens zu finden? OK, das könnte man reduzieren: Der Sinn des Lebens ist die Vermehrung, die Erhaltung der eigenen Art.
Zack, wieder ein Problem gelöst. Aber das wäre doch etwas kurzsichtig, oder nicht?
Guckt euch die jungen Leute von heute an: Sie tun gestresst, sie wollen gewisse Dinge nicht machen, schon im zarten Alter von 18 Jahren kommen Sprüche wie „ich will auch mal Leben", nur als Grund, keiner geregelten Arbeit nachzugehen. Und welches Leben wird dann gelebt? Ist es die Erfüllung, einen Char, einen Charakter in irgend einem Computer-Spiel hochzuleveln oder in der Rangliste eines Ballerspiels ganz oben zu stehen? Und mit 50 Jahren oder so stellt man fest, dass die Erfüllung des Lebens das Leveln von zig hunderten Spielfiguren war? Man hat 42 Follower und 232 Freunde bei Facebook? Keine Wünsche, keine Träume, nix „wahres" erreicht im Leben? Keinen Berg bestiegen, keinen Ozean überquert, keine fremden Speisen gekostet? Mal etwas riskiert für ein Ziel in der wirklichen Welt, ohne ESC-Taste, ohne den Level neu starten? Fehler gemacht, sogar so, dass man sich entschuldigen muss auch wenn es peinlich ist?
Ich glaube, es war Luther, der zusammenfasste: Einen Baum pflanzen, ein Haus bauen, einen Sohn zeugen. Er wollte mehr damit sagen, denn das sind Dinge, die über die eigene Lebensspanne hinaus existieren werden. Ob Luther Raucher war, das weiss ich nicht.

Was hat das nun alles überhaupt mit dem Rauchen zu tun? Nun, seit vielen Jahren ist es gesetzlich vorgeschrieben, dass sich auf jeder Zigarettenschachtel etc. ein Warnspruch ala „Raucher sterben früher" befindet. In Zukunft soll das sogar noch verschärft werden, in dem eklige Bilder auf den Packungen zu sehen sind. Das soll einem dann das Rauchen vermiesen. Denn alle Menschen sind dumm und naiv und erst wenn man ihnen vor Augen führt, wohin ihr Handeln führt, sind sie informiert und ändern ihr Verhalten. So muss wohl die Annahme sein. Aber was ist, wenn es funktioniert? Wenn alle sagen: Pfui, nee, geh weg mit dem Raucherkram! Na gut, ein paar Unbelehrbare wird es immer geben, aber sagen wir mal 93% der Menschen werden vom Rauchen abgehalten? Sie bleiben gesünder, haben dann mehr Geld für andere

schöne Dinge, und werden älter. Und sind unzufriedener, trinken mehr Kaffee und belasten die Rentenkasse. Ausserdem wird alles teurer werden, weil dem Staat eine grosse Einnahmequelle wegbricht. Tatsache ist: Der Posten „Tabaksteuer" ist ein wichtiger und grosser Punkt im Staatshaushalt. Eigentlich kann sich der Staat nicht leisten, auf die Raucher zu verzichten. Wenn also mal wieder die Tabaksteuer erhöht werden soll (warum auch immer), dann ist abzuwägen: Wie viele Menschen werden auf Grund der Erhöhung aufhören und können die Verluste durch die Erhöhung und die verbliebenen Raucher kompensiert werden?
Das scheint verlogen, denn die vorgeschobenen Gründe sind ja immer Gesundheit etc., aber Politik ist halt so: immer ein Kompromiss. Aber natürlich bleibt solch eine Steuererhöhung scheinheilig, denn wenn man die Menschen wirklich schützen wollte, dann müsste man Zigaretten und Co ganz verbieten oder zumindest seeehr teuer machen und nur in Apotheken erwerbbar. Und allen hochprozentigen Schnaps natürlich auch. Keiner hat was gegen einen guten Wein zum guten Essen, aber da reicht ja wohl eine Pulle für alle und dann kann die doch ruhig etwas teurer sein? Warum kann man beim Discounter billigsten Fusel kaufen, ohne dass dort Bilder von vollgekotzten „Pennern" drauf sind? Oh, ach, hier wird an die Vernunft des Menschen appelliert? Jaja, rauchen gefährdet ihre Gesundheit, aber so ziemlich jeder kann in ein PS-starkes Auto steigen und durch die Gegend kacheln. Und auch mit 50PS kann man andere tot fahren. Zum Glück sind Schwermetalle und anderer Kram in Nahrung und Spielzeug längst verboten, von dieser Seite droht den Menschen schon lange keine Gefahr mehr.
Nahrungsmittelproduzenten würden uns auch nie minderwertige Lebenmittel zu erhöhten Preisen unterjubeln, oder gar Pferdefleisch als vom Rind verkaufen. Rechtsradikale Parteien und islamistische Fanatisten werden verboten, Soldaten der Bundeswehr dürfen auch nicht mehr in Krisengebiete, sie könnten ja durch Schüsse verletzt werden. Soldaten? Im Krieg? Was für altmodischer Unfug. Aber schaut mal die Nachrichten. Da sterben auch Nichtraucher. Das Leben ist kompliziert. Apropos Krieg: Mit was haben die Leute damals, auch nach dem Krieg, auf dem Schwarzmarkt gehandelt? Gegen was haben die ihr Brot eingetauscht? Zigaretten. Die alten Seefahrer, die noch auf einem Windjammer ums Kap Hoorn segelten, hatten die grösste Sorge,

das ihnen in einer anhaltenden Flaute der Tabak ausging. Essen konnte man Mehl und Schmalz, in aller Not auch eine Ratte braten, aber Wehe, der Tabak ging aus! Was wollen Eingeborene, die in der Südsee vor den Inseln mit ihren Kanus an einer Yacht längsseits kommen? Tabak und Whisky! Siehe auch Heinrich Böll, „Die Hoffnung ist ein wildes Tier": Ein abgedruckter Briefwechsel zwischen zwei in Armut lebenden Schriftstellern: Tabak und Kaffee waren elementare Gedanken. Das Leben kann so einfach sein.

Mein Gedanke dabei: Will man als gewählter Volksvertreter das Volk zufrieden machen und den Staatshaushalt ausgeglichen halten, dann sollte man die Fluppen wieder billiger machen, die Tabaksteuer senken. Ist das eine frevlerische Idee? Mag sein, aber realistisch ist sie: Wenn die Zigaretten weniger kosten, dann werden wohl wieder mehr Leute rauchen. Die Einnahmen durch Tabaksteuer würden nicht sinken. Die Menschen wären zufriedener, weil sie eben eine rauchen können, das entspannt (vor dem Stuhlgang so wie so). Schaut euch mal Fotos und Filme aus den 70er Jahren an, was da geraucht wurde! Des Weiteren würde das Schmuggeln unattraktiver, Zoll und Grenzbehörden könnten sich auf wichtigere Dinge konzentrieren, auch hier fallen entgangene Steuereinnahmen weg. Vermutlich würden viele Menschen nicht mehr so alt werden, denn der gesundheitliche Aspekt ist ja unbestritten. Aber: Wer 37 Jahre in die Rentenkasse einzahlt und dann schon mit 68 Jahren stirbt, der tut doch was für die Rentenkasse! Und derjenige stirbt zwar relativ jung, dafür aber nach einem relativ erfülltem Leben (auch wenn die Erfüllung vielleicht nur die ständige Quarzerei war). Die Branche der Zigarettenhersteller, Automatenauffüller und Feuerzeugverkäufer würde sich auf jeden Fall bedanken, nebenbei gibt das sicher wieder ein paar Arbeitsplätze. Doppelter Gewinn: Diese Menschen haben Arbeit, entlasten die Sozialkassen, sind zufriedener, können ihr Einkommen wieder ausgeben, die ganze Wirtschaft wird belebt und endlich gewinnt die Feierabendfluppe wieder an Wert: Erstmal eine Rauchen! Ach ja, Wirtschaft: Das Gaststättengewerbe würde sich dann auch über die Rücknahme des Rauchverbotes freuen, denn endlich kann man wieder in die Kneipe, in die Disco, weil man nicht mehr den sauren Duft des Schweisses der Anwesenden wahrnimmt sondern den warmen, weichen Qualm des Tabaks, der alles so mild macht. Und Lüften wird ja nicht

verboten. Natürlich muss man weiterhin in Restaurants nicht rauchen, denn selbst der stärkste Raucher hat eingesehen, dass das teuer bezahlte Essen doch besser schmeckt mit ohne Qualm. Daheim wird ja auch kein vernünftiger Mensch beim Essen rauchen.
Natürlich ist es falsch, wenn ein Zehnjähriger meint, er wäre cool weil er sich eine Fluppe anzündet. Wenn der Mensch heranwächst haben ihn keinerlei Gifte zu behindern. Aber auch hier hilft kein Verbot, man muss weiterhin für Aufklärung sorgen.

Das gesparte Geld der nun billig rauchenden Mitbürger könnte man vielleicht noch sinnvoll investieren: Es wird von den Versicherungen eine Art "Raucher-Lebensversicherung" eingeführt. Wer raucht, der ist mehr gefährdet und zahlt dann mehr ein. Wäre ja fair, gebe ich zu. Oder eben bei der Krankenversicherung einen R-Aufschlag, weil der ein oder andere doch mehr Kosten bei der medizinischen Behandlung verursacht. Wobei jeder bestimmt genauso Beispiele von Rauchern kennt, die uralt geworden sind wie Nichtraucher, die viel zu jung starben. Was solls? Die Haupt-Todesursache ist nicht das Rauchen, sondern das Leben. Und das ist kompliziert genug, da sollte man sich nicht mit zuviel Verboten rumschlagen.

Erstmal eine rauchen.

Muttertag vs. Vatertag

Da radel ich mit meiner Frau so durch die Gegend, und da sagt sie plötzlich: "Komisch, am Muttertag ist immer alles so ruhig und Vatertag, da stehen überall Bierbuden und Scharen von Leuten sind auf Fahrrädern unterwegs!"
Ich glaube, das liegt an Himmelfahrt. Da war das eben immer schon so und irgendwann hat mal jemand gesagt "Dann ist heute also der Vatertag. Muttertag gibt es ja schon, warum also nicht auch solch einen Tag für uns".

Ich sage aber statt dem, was ich denke: "Das liegt ja an den Müttern selbst. Versammelt euch und radelt los, dann ist auch was los!
Frau sagt: "Aber es sind ja nirgends Bierbuden oder sonst so Dinge, wo man hin könnte…"
Ich: "Das kommt schon von ganz allein, wenn erstmal die ersten Trupps von Frauen irgendwo einkehren und drei Alster (Radler) auf einmal bestellen. Ruckzuck sind da im nächsten Jahr Bierbuden aufgestellt."
Frau: " Aber da muss man die Mädels erstmal zusammenkriegen, weil die alle keine Zeit haben, denn sie müssen ja ihre Mutter besuchen!"
Ich sage: "Vatertag kriegen wir Männer das doch auch hin, da sind sogar Nichtväter unterwegs."
Frau sagt: "Aber am Vatertag sind ja auch viele Frauen unterwegs…"
Ich: "Das sind doch nur die Ü30er-innen, die noch nichts abgekriegt haben und nun die Nichtväter abgreifen wollen" (Atze Schröder nannte das im Umkehrschluss Resteficken, *dachte* ich)
Frau: "Na, dann haben ja alle ihren Spass"
Ich: "Wäre so wie so doof, wenn man mit einer Männermeute an einem Muttertagssonntag an eine Bierbude kommt und eine Runde bestellt und man dann gesagt bekommt: Nee, wir haben nur Alster und Piccolos, ist doch Muttertag"

Mädels, so wird das nichts.

„die Bedürfnisse vieler sind wichtiger
als die Bedürfnisse weniger"
der junge Spock in *Star Trek - Into Darkness*

Wie gross muss der Pimmel sein?

Manche Jungs machen sich Sorgen darum, dass ihr Penis nicht die richtige Größe haben könnte. Viele befürchten, er sei zu klein.
Oft ist diese Angst unbegründet. Denn ein Penis hat sozusagen zwei Größen: die eine im erschlafften, herunterhängenden Zustand, die andere im steifen Zustand. Pimmel, die im schlaffen Zustand relativ klein wirken, können im erregten Zustand die drei- oder vierfache Größe erreichen und unterscheiden sich dann nicht mehr groß von denjenigen, die „erschlafft" größer sind (Ein Vergleich diverser Zustände mit diversen anderen Jungs wäre zwar interessant, ist aber oft irgendwie nicht durchführbar).
Wie groß der Penis wird, kann man erst sagen, wenn Jungs etwa 18 bis 20 Jahre alt geworden sind. Vorher kann man lediglich die Hoden ausmessen. Ein ausgewachsener Hoden sollte ungefähr die Größe von 15 ml haben. Wenn die Hoden gut entwickelt sind, dann hat auch der Penis seine endgültige Größe erreicht.
Urologen empfehlen vor allem eines: "Ruhig Blut!".

PS: Dieser Text stammt nicht von mir, ich habe ihn irgendwo im Netz gefunden (weiss leider nicht mehr wo) und leicht gekürzt bzw. angepasst. Welche Frage mich aber seit dem bewegt: Wie misst man das Volumen seiner einzelnen Hoden?

Ums Geld

Immer wieder dreht sich alles im Leben ums Geld. Was isst man morgen zum Mittag? Was den nächsten Tag, oder besser Abends essen gehen? Ist das Auto betankt? Brauchen wir nicht neue Winterjacken? Tapeten? Teppiche? Was ist mit den Sommerreifen, und überhaupt, mal ein neues Auto? Warum können die Nachbarn denn einen Urlaub im Mittelmeer planen, die hams ja wohl? Was, schon wieder in Dänemark? Ein neuer Mac, was kostet der denn? Mein iPhone ist so langsam, wann kann man denn das Neue kaufen? Mal ein neues Paar Schuhe, weil keines der vorhandenen zur neuen Hose passt?

Alles Fragen, die man mir besser nicht stellt. Mir ist das so Scheiss egal, das glaubt ihr gar nicht. Klar braucht man Geld, es stellt ja das aktuelle Tauschmittel für alles dar. Aber ich will nur satt und warm dasitzen und Dinge machen, zu denen ich Lust habe. Schreiben zum Beispiel. Deswegen schreibe ich das hier ja auch. Mir ist das echt völlig egal, was andere für Autos haben, wie viele davon und warum. Ich denke mir dann nur: Wenn ich die Knete über hätte, würde ich davon keine Autos kaufen.

Ich wiederhole: Klar braucht man Geld. Ich rauche, ich trinke gern und ohne die wichtigen Gegenden vom Internet würde ich auch ungern sein wollen. Und ich kaufe mir aktuell mehr Bücher, als ich lesen kann. Aber die laufen ja nicht weg, Literatur ist geduldig. Und aber Wohnen an sich kann man auch nicht ohne Geld. Ob Miete oder Abtrag, die Obhut will bezahlt werden. Da helfen auch keine Ausflüchte in Campingplätze oder Schrebergärten. Wobei letztere ja mal überhaupt nicht offiziell als dauerhaft wohnbarer Bereich zugelassen sind (Mir würde es aber reichen). Aber egal, wie und wo man wohnt: Im Winter muss man immer heizen, wenn man nicht in südliche Gefilde ausweicht. Heizen heisst Brennstoff, und den muss man besorgen oder bezahlen. Mit Geld. OK, ich will nicht heizen, Winter ist doof und ich ziehe in den Süden? Dann muss ich vermutlich darauf achten, immer genug Wasser zu haben. Vermutlich wird es genauso wenig regnen wie es Quellen in meiner Nähe gibt, also muss ich das Wasser kaufen. Mit Geld. Nun doch besser mehr nördlich leben wollen? Regen auffangen,

Holz hacken, glücklich sein? Nee. Tatsache ist: Man wird keinen Breitengrad finden, wo man nicht Geld braucht, um weiter zu kommen. Und geht nicht davon aus, dass ihr eure Arbeitskraft irgendwo im sonnigen Süden als Gegenwert für Geld oder Wasser an den Mann kriegen könnt!

Aber darum ging es mir eigentlich auch gar nicht, eher lautet die Frage: Wie wenig Geld reicht mir, um gut zu Leben? Viele werden spontan die Frage umformulieren: Wie viel Geld brauche ich für ein schönes Leben? Doch das ist genau der Grund, warum ich mich berufen fühlte, das hier nieder zu schreiben. Mir fällt es nur schwer, meine Gedanken zum Thema in sinnvolle Sätze zu packen.
Immer wieder kommt mir in den Sinn: Es geht doch nur ums Geld. Warum rebellieren ganze Völker gegen ihr Land? Warum reden Politiker so viel und warum wird darüber berichtet? Warum gibt es so viele Automarken, Cola-Marken, Zigaretten? Warum wird ein Fussballtrainer gefeuert? Warum gibt es Versicherungen und warum werden die (scheinbar) beschissen? Warum streiten junge Liebespaare?

Es geht immer ums Geld.

Meiner Meinung nach muss das alles nicht sein, aber da bin ich wohl allein mit der Meinung und die ist ja auch ein wenig unbequem.

Hupen ist toll

Wer mich in seinem Auto mitfahren lässt, der weiss: Hupen finde ich toll. Nein, ich muss nicht dauerhaft hupen, aber so ganz Ohne muss eine Autofahrt ja auch nicht ablaufen. Ich war ja nun ein Wochenende in Hannover und dort ist mir positiv aufgefallen: Die Hannoveraner Verkehrsteilnehmer denken genau wie ich. Und damit wir uns nicht missverstehen und auch zur Auffrischung von eventuell nicht mehr ganz so exaktem Führerschein-Prüfungswissen: Ich will nicht andauernd sinnlos rumhupen, aber es gibt eben doch einige mehr Situationen, wo die Verwendung des Signalhorns im Kraftfahrzeug angebracht ist, als man gemeinhin annimmt.

Paragraph 16 der Strassenverkehrsordnung sagt dazu:
Warnzeichen
(1) Schall- und Leuchtzeichen darf nur geben
   1. *wer außerhalb geschlossener Ortschaften überholt (§ 5 Abs. 5) oder*
   2. *wer sich oder andere gefährdet sieht.*

Und gerade Punkt 1.2 dieses §16 lässt ja doch einiges Spielraum (gerade im Zusammenhang mit §1 der StVO) offen. Wer sich z.B. zwar StVO-mässig korrekt verhält, aber dennoch einen unsicheren und/oder sportlichen Fahrstil auf die Piste legt ist ja gut beraten, andere des öfteren vor potentiellen Gefährdungen zu warnen. Ich selbst bin ja weder unsicher noch sportlich unterwegs, aber wenn ich wo mitfahre, dann fällt mir dergleichen doch schon häufiger bei meinem jeweiligen Chauffeur auf. Und dann kann es doch nichts schaden, wenn ich andere Verkehrsteilnehmer durch ein kurzes Hupen darauf hinweise? Die sollten ja schliesslich auch §16 StVO kennen und dieses Signal dankbar wahrnehmen. Seltsamerweise denken die Leute auf den Fahrersitzen oft gar nicht so und fangen an, mit ihren rechten Armen zu wedeln, damit ich den Hupenknopf nicht erreiche. Einmal schaffe ich es meist, aber dann wirds anstrengend. Also habe ich mich auf das höfliche Fragen oder Hinweisen reduziert. "Darf ich mal hupen?" "Nein." "Willst du nicht mal hupen?" "Nein!" "Wäre besser, wenn du mal hupst…" "Warum denn!"

Wie kann man beim Fahren nur so übellaunig sein, das müsste ja in Dauerhupen enden.
Irgendwie sind die meisten Autofahrer total eigensinnig und unbelehrbar, wenn sie selbst am Steuer sitzen. Ich bin da offenbar völlig anders und viel gelassener, denn noch nie hat mich einer neben mir sitzend gefragt, ob er nicht mal hupen darf.

PS: Es gibt Leute, die behaupten, nach §1 StVO, Punkt 2, dürfte sowieso keiner mehr Auto fahren.

PPS: Manchmal werden auch die weiblichen Brüste Hupen genannt, darum ging es hier aber nicht.

Die Ufos greifen an

Da es ja immer wieder mal, wenn es keine anderen Nachrichten gibt, von irgend einer UFO-Sichtung berichtet wird, möchte ich hier nur mal der Sicherheit halber klar stellen: Das Ding heisst "UFO", weil es, wie wir alle wissen, ein unidentifiziertes Flugobjekt ist. Man weiss nicht, was man da sieht. Es bedeutet nicht, man hat ein Raumschiff von Ausserirdischen gesehen. Dann wäre es nämlich mindestens ein IFO.
Um das Thema gleich fortzuführen: Ich glaube nicht, dass in nächster Zeit irgendeine nichtirdische Rasse mit ihren Flugkörpern bei uns auftauchen, geschweige denn landen wird. Und das wiederum bedeutet nicht, ich glaube nicht an ausserirdisches Leben! Das Weltall ist so verdammt gross, dass es selbst bei der geringsten Wahrscheinlichkeit an uns vorstellbaren Leben auf anderen Planeten doch irgendwo möglich sein wird. Aber das ist dann so unvorstellbar weit weg von uns, dass es auch wieder egal ist. Selbst der bestentwickelteste Alien kann die physikalischen Gesetze nicht einfach übergehen und eben bei uns vorbeischauen.
Ja, sicher gibt es Möglichkeiten, die wir Menschen mit unserem beschränkten Geist uns niemals vorstellen können. Aber dann werden wir auch nicht bemerken, wenn in der xten Dimension ein Schlupfloch aufgeht und werauchimmer wieauchimmer durchkommt. Wir werden das schlicht nicht wahrnehmen können, denn unsere Sinne reichen nicht dafür aus. Selbst für sowas läppisches wie Wärme benötigen wir eine Infrarotkamera, um die gefühlte Wärme ins sichtbare Licht zu verschieben, um die Wärme zu sehen.
Immerhin gibt es Menschen, deren Gehirne diese Informationen aus den Sehnerven durchaus verarbeiten und "sehen" können. Diese Menschen faseln dann was von einer Aura, die sie bei anderen sehen können und dadurch auch sicherlich kränkliche Stellen an Mitmenschen. Wir, die das nicht sehen, belächeln das alles und stempeln sie zu Spinnern ab.
Mein Tipp für alle, die sich nicht sicher sind, ob vielleicht schon Ausserirdische ganz in unserer Nähe sind: Nehmt diese Leute und lasst sie in den Himmel schauen. Vielleicht erkennen die ja was, dass all die anderen nicht sehen und dann haben wir vielleicht bald UFO-

Sichtungen, die uns wirklich vom Kontakt mit Ausserirdischen träumen lassen können. Und sollte ich mit allem doch nicht Recht haben, dann hätten die Spinner jedenfalls eine Beschäftigung, die sie von anderem Unsinn abhält.

„Jedes Lebewesen auf der Erde stirbt für sich allein"
Grandma Death in *Donnie Darko*

Der Tag des Zweitjobs

Wir kennen den ersten Mai als den so genannten "Tag der Arbeit". Danach kommt der zweite Mai. Ein bisher wenig beachteter Tag. Aber das ändert sich nun, denn ich ernenne den 2.Mai folgerichtig zum "Tag des Zweitjobs"! Da er auf den 1.Mai folgt können also nun alle am Tag des Zweitjobs denen gedenken, die mehr als eine Arbeitsstelle haben müssen oder wollen, und natürlich kann sich die Zielgruppe auch selbst feiern.
Ich gehöre nicht zu denen, aber ich kenne einige, die z.B. noch abends im Sonnenstudio aushelfen, irgendwo putzen gehen, Kellnern oder Zeitungen austeilen. Meist ist der zweite Job ja auch anspruchloser als der Hauptberuf und damit in der Regel auch schlechter bezahlt. Aber was wäre, wenn nun alle damit aufhören, weil vielleicht der Hauptjob genug Geld abwirft oder man sich einfach für die paar Mücken nicht mehr abschinden will oder das persönliche finanzielle Zwischenziel erreicht ist? Die Firmen müssten gewaltig umplanen und sicher gäbe es bei der ein oder anderen Dienstleistung erstmal ein Durcheinander. Es ist ja schon für einige Leute unvorstellbar, seine Zeitung morgens nicht pünktlich zu erhalten oder dass man abends in der Kneipe ungewohnt lange auf sein Bierchen warten muss, weil erheblich zu wenig Personal da ist (von eventuell nicht so gut geputzten Toiletten mal ganz zu schweigen). Auch Tankstellen und Kioske ohne Personal, die die Arbeit zu Zeiten machen, wo viele andere Feierabend haben und das sicherlich für eine sehr geringe Bezahlung sind ja schon fast gar nicht vorstellbar. Das ein oder andere kleinere Geschäft müsste vielleicht auch den Betrieb einstellen, weil das ohne Menschen, die einen (kleinen) Zweitjob machen, nicht rentabel zu führen wäre. Und wenn man weiter darüber nachdenkt findet man sicher unzählige Beispiele, wo solche Arbeitsplätze vorhanden und notwendig sind. Auch an wichtigen Stellen wie Krankenhäuser, Schulen und Kindergärten…
Und damit man da ab und zu drüber nachdenkt gibt es nun den Tag des Zweitjobs. Viel Spass beim Feiern wünsche ich!
(Wer bestimmt eigentlich, wann welcher Tag wie genutzt wird? Müsste solch ein Tag vom Bundesministerium für Arbeit und Soziales ausgerufen werden?)

Eben schnell noch… oder: Die erste Schrauberregel

Vor vielen Jahren schrieb ich nachts spontan den folgenden Bericht, weil das einfach raus aus mir musste.

***

Zeit:
4.April 2008

Ort:
Oldenburg, Eversten, Garage

Grund der Tätigkeiten:
Morgen ist die 1. Indoor Renntreckermeisterschaft in Hildesheim, wo ich mitfahren will

Heute nachmittag habe ich noch „eben schnell" den neuen Keilriemen unter meinen Rennmäher gebaut.
Da habe ich gleich die Hinterräder abgebaut, weil ich die Bremse noch einstellen wollte und sowieso dann besser an alles rankomme.
Hinten kommen noch ein paar solide Holzklötze unter, so dass der Mäher nur wenige Zentimeter in der Luft ist. Vorne mit einem Seilzug etwas hochgehoben, dann muss man da nicht flach unterkrabbeln.
Nun bin ich so am Riemen rauffummeln, alles wackelt ein wenig, plötzlich *BAMM* knallt der Mäher von den Klötzen auf den Betonfussboden.
(Achtung Ironie!) Was ein Glück, das Getriebegehäuse kann nichts abgekriegt haben, weil die Bremsscheibe den Sturz abgefangen hat.
Resultat: Bremsscheibe verbogen, bestimmt einen Zentimeter Schlag. Völlig verbogen.
Die Aufhängung für den Bremssattel wurde auch noch mal eben total verbogen. Das konnte man netterweise von der Seite nicht sehen, das merkte ich erst später.

Völlig untypisch hatte ich noch eine nagelneue Bremsscheibe und wusste sogar, wo die lag.
Also die alte Scheibe abgebaut und die neue wieder ran. Was eine ziemliche Arbeit ist, weil ich die drei Schrauben mit möglichst wenig Spiel anschrauben wollte, also (eine Art) Passung dafür gemacht habe und die Befestigungslöcher in der Bremsscheibe sind auch exakt 6mm und die Scheibe ist irre hart... aber ich schweife ab.
Bei der Montage der nun neuen Bremsscheibe war ich schon am grübeln, weil das nicht so geschmeidig wie sonst passte, aber man wundert sich ja nicht mehr.
Kurz auf die Uhr geguckt: 16:00. Eigentlich wollte ich den Hobel noch mal richtig waschen (Hochdruckreiniger im Garten) und auf den Anhänger laden, aber draussen regnet es wieder mal. Was solls, wir haben ja Sommerzeit, ist lange hell, also eben gucken, was ich noch an der Riemenführung ändern wollte.
Dazu den Mäher vorne hoch (aber richtig hoch) und aufgehängt. Da fällt der nicht runter!
Nun mit wachem Auge geschaut, wo denn der Riemen so lang läuft und mich etwas über den schiefen Bremssattel gewundert.
Aha. Also Riemen beiseite und die Bremse noch mal ab. Alles wieder gerichtet und winkelig gemacht, Bremse wieder dran, diesmal geschmeidig. 17:00. In meinem Kopf schweben auf einmal Gedanken. Kinder. Wieso Kinder? Ach ja, meine. Vom Fussball abholen, oder zu Kumpel bringen oder irgendwas war da. Egal, ist ja noch hell.
18:00. Wieder in der Garage. Was wollte ich noch? Ach ja. Wo der Mäher da so schön hängt, eben nach der Lenkung gucken, da kann sicher auch Fett ran oder ne Schraube festgezogen...
Warum schlackert das rechte Vorderrad denn so? Das war doch neulich noch gut?
Keine Ahnung warum, der Renntrecker ist seit dem letzten Rennen in Vesbeck nicht mehr gefahren und nun hat die Buchse für die Achslenkwelle einen Riss. Neulich war das noch nicht, ich schwör.
Erstmal eine Rauchen, danach ist der Riss sicher viel kleiner und man kann da noch locker ein Rennen mit fahren. Paff und schmök: Nix da. Ich mach das eben neu, und weil das nur ein beigehen ist, gleich beide Seiten.

Während ich Material etc zusammensuche, erscheint meine Frau im Garagentor. "Du gehst ja nicht einkaufen, also muss ich das machen".
19:00.
Nett wie ich bin sagte ich: "Wollen wir zusammen einkaufen?"
20:00.
Wieder in der Garage. Die Buchsen neu machen ging erstaunlich flott; mit allen Schikanen, die da immer zwischen kommen hat das nur eineinhalb Stunden gedauert.
Nun ist es nicht mehr hell. "Waschen muss ja auch nicht".
Aber den Renntrecker auf den Anhänger laden wollte ich nun endlich, morgen wirds sicher hart, die Fahrt nach Hildesheim dauert auch recht lang und schlafen will man ja auch noch. Evtl noch ein Bierchen, etwas im Forum stöbern und dann ist auch gut.
Also Batterie vom Ladegerät, eingebaut, alles festgezogen, Sitz angeschraubt, ach ja, der Seiteneinfahrschutz muss ja auch noch fest.
Noch keine halb elf, naja, Hauptsache am Mäher nicht gepfuscht.
Bevor ich den Mäher auf den Anhänger schiebe muss der aber eben noch einmal laufen, nicht das ich was doofes übersehen habe und morgen im Kartcenter erstmal wild schrauben muss.
Der Motor dreht, aber springt nicht an. Was solls, steht ja schon ein paar Tage, weiter versuchen.
Klingt komisch, als wenn der nicht so richtig frei drehen kann.
Batterie hin? Kann eigentlich nicht, aber lieber mal Auto ranholen und überbrücken.
Der Motor dreht, aber springt nicht an. Dreht aber noch immer nicht frei.
Mist. Das muss ja nun nicht sein. Grübeln.
Öl? Kerzen? Nun aber erstmal eine Rauchen.
Jetzt kommt mir ein Gedanke! Also unter den Mäher, Spannrolle abgebaut und noch mal versucht.
Orgelorgel. Pött pött pött. Er läuft! Spannrolle wieder dran, Getriebe war auf Neutral, Kupplung entspannt, Motor läuft. Gang rein; ein Satz nach vorn, schnell Bremse drücken. Mäher steht, Motor aus. Kupplung entspannt!?
Der neue Riemen scheint zu stramm, dabei ist das ganz sicher der gleiche wie immer.
Nun hatte ich echt kein Bock mehr. Aber egal, der soll nun laufen.

Neuen Riemen abgebaut, alten rausgesucht und untergebaut. Alles geht wie gewohnt, puh. Nicht schön, aber immerhin. Eben rausgefahren, kein Gas gegeben, weil das trotz Schalldämpfer doch laut werden kann. Und ist ja schon spät. Und dunkel.
Fein, fährt, also wenden und zurück (Nun wollte ich aber schnell noch aufladen und dann ist auch gut).
Ich lenke scharf links ein und... das Rad klemmt bei vollem Lenkeinschlag! Steht! Mäher auch! Und zack, Motor aus!
Verdammt! Wieder Motor gestartet und vorsichtig zurück in die Garage:
Warum auch immer, der Turfreifen mag nicht soviel Lenkeinschlag wie der AS (Ackerstolle).
Ich hatte nun aber wirklich echt überhaupt keine Lust mehr.

Spätestens jetzt (23:45) fängt das Pfuschen an. Und nur weil ich wollte, dass das nun geht, habe ich ein einigermassen passendes Stück Flacheisen gesucht und kurzerhand so platziert angeschweisst, das es als Lenkanschlag fungieren kann. Getestet: Geht.
Ladegerät wieder an die Batterie.
00:15.
SCHNAUZE VOLL!
Nix mit Anhänger beladen.
Ich werde nicht mitfahren beim Rennen in Hildesheim.
Irgendein Gott will das nicht.
Rein ins Haus, umziehen, saubermachen, Bier auf.

Erste Schrauberregel:
Nie am Tag vor einem Rennen am Gefährt schrauben.
(Und das ist sicher die meist gebrochene Regel).

Die Känguru-Chroniken

Dann und wann hab ich ja auch mal einen eher witzigen, zeitkritischen Artikel rausgehauen, über den man vielleicht sogar hervorragend schmunzeln konnte. Ich brauche aber nun nichts witziges, treffendes mehr zu schreiben: Das alles hat schon das Känguru gesagt. Beziehungsweise Marc und sein Känguru. Genauer gesagt hat der Marc-Uwe Kling (was für ein kurzer und doch unhandlicher Name) Bücher geschrieben, in denen er die Erlebnisse mit dem Känguru, das bei ihm einzog, niederschrieb. Interessanterweise ist dieses Beuteltier ziemlich kommunistisch angehaucht, bzw. möchte es seinen permanenten Geldmangel dem Kapitalismus in die Schuhe schieben. Dadurch und durch die subversive Einstellung des Tieres kommt es durchaus zu witzigen Dialogen und Begebenheiten. Auch wenn ich glaube, dass das Känguru ganz schön oft ganz schön übertreibt und ich wirklich nicht alles für bare Münze nehme, sind diese Geschichten doch sehr erfrischend.

Ich könnte die notierten Abenteuer des Kängurus (ich weiss gar nicht, wie es heisst…) aber auch als Herausforderung nehmen und selber mal wieder was rotzigulkiges raushauen. Es steht aber zu befürchten, dass dieses Känguru mich zu sehr inspiriert und andere mir später Plagiatentum (heisst das so? Kein Bock zu googlen) vorwerfen. Sollte ich also besser aufhören, die Bücher von Marc zu lesen? Oder ich schicke ihm später mal die Buchausgabe von den "besten" Artikeln meines Blogs (Arbeitstitel: „Hardcopy, oder: Vom Web durch den Kopf ins Buch") mit einer Widmung nach hause. So als Dank. Vielleicht habe ich (oder er) Glück und er kann es lesen, bevor es im Beutel verschwindet… aber dieser Artikel wird vermutlich gar nicht in meinem Buch erscheinen.

(Nachtrag: Tut er doch)

Marc Uwe Kling mal besuchen

Ich klingele an der Haustür. Das Känguru macht auf."Hi, ist Marc da?" sagte ich bestimmend, aber nicht unfreundlich. Das Känguru schaut halb nach hinten und sagt: "Äh, weiss nicht."
Ich: "Wieso, der wohnt doch hier?" Das Känguru: "Ja, aber der ist vor einer halben Stunde im Bad verschwunden. Entweder er duscht ausgiebig, pflegt seinen Körper auf andere Weise (räusper) oder ist durchs Fenster abgehauen."
"Wenn du das Känguru bist, das bei ihm eingezogen ist, dann würde ich mich nicht wundern, wenn er durchs Fenster weg ist" sage ich und drängel mich am Känguru vorbei. Ich will jetzt einfach mal kurz dabei sein. Wie das so ist mit den beiden und so, ihr wisst schon. Känguru scheint das zu akzeptieren und folgt mir ins Wohnzimmer. "Nimm doch Platz" sagt es beiläufig, während es versucht, sich möglichst lässig in den Sessel zu fläzen (was bei einem Känguru ganz schön bescheuert ausssieht). Nun versucht es Konversation: "Und, kennst du Marc schon länger?"
Ich mag ja keinen Smalltalk und bin da auch nicht sehr geübt drin. "Nee, ich kenn den gar nicht."
Sofort bemerke ich, wie das Känguru sich innerlich aufrichtet und vermutlich zu einem wirklich durchdachten Spruch ausholt, um mich entweder auszuloten oder gleich mit irgend nem Nonsens an die Wand zu labern. Dazu habe ich aber noch weniger Bock als auf Smalltalk. Noch während das Känguru einatmet, um seinen Satz zu beginnen, rede ich einfach weiter: "Einer meiner Kollegen erzählte mir von euch, der hat euch als Hörbuch. Und also hab ich mir kurzerhand das Buch als Buch besorgt und mal eben durchgelesen. Und da ich zugegebenermassen recht beeindruckt von euren Dialogen und Themen war, dachte ich, ich schau mal vorbei. Und weil ich selber gern schreibe ist es wohl am einfachsten für mich, ich schreib das einfach mal so auf, wie es sein könnte."
Das Känguru zog seine Mundwinkel soweit anerkennend runter, wie es für ein Känguru möglich war, gleichzeitig ging noch die rechte Augenbraue ein Stück nach oben. "Du schreibst also? Auch so Kram wie Marc oder mehr was sinnvolles?"

Ich lächelte über den intelligenten Seitenhieb und antwortete: "Klar, ich blogge. Hab auch schon ein Buch geschrieben, aber das ist ein Fachbuch und zählt irgendwie nicht, oder?"
"Buch ist Buch, aber vermutlich verkauft sich ein Fachbuch ziemlich Scheisse. Das bedeutet, du kannst kein Kapitalist sein und das findet natürlich meine Anerkennung" haute mir das Känguru spontan um die Ohren.
Während ich überlegte, wie ich dem Känguru erklären sollte, dass mein Buch allein vom Draufzahlen existiert und ich aber nix dagegen hätte, wenn es ein Bestseller werden würde oder mindestens mein nächstes Buch, kam Marc mit einem Handtuch seine Haare trocken rubbelnd ins Wohnzimmer. Ich hielt es für angemessen, ihn zu begrüssen, bevor er sich erschreckt. "Hi Marc, ich bin Holger. Solltest du das Handtuch nicht besser verwenden, um deine Hüfte zu bedecken?" Er war nackt.
"Hi Holger! Hätte ich gewusst, dass Besuch da ist, hätte ich mir zumindest Socken oder so angezogen". Zum Känguru: "Kannst du einen nicht vorwarnen?" Zu mir: "Nachdem das Känguru mir gegenüber heute morgen hinreichend treffend argumentiert hat, dass es selbst hier andauernd ohne Kleidung rumhüpft, haben wir für dieses Wochenende vereinbart, dass wir uns zumindest in der Wohnung naturbelassen begegnen." Zum Känguru: "Den hast du doch eingeladen, damit ich hier doof da stehe, richtig?". Känguru zu Marc: "Nee, der hat sich selbst hier reingeschrieben, da kann ich nix für, auch wenn es eine echt coole Idee ist." Känguru leise zu mir:"Sag nix über seinen… " Känguru laut zu uns beiden:"Darf ich vorstellen? Holger? Marc! Marc? Holger!"
Ich: "Angenehm…"
Marc: "Angenehm. Als ich reinkam hörte ich, du bloggst?"
Ich: "Ja, eine schlichte Seite im Netz, ganz und gar ohne Werbung (Känguru flüstert "cooool, wusste ichs doch"), wo ich das, was ich so denke, niederschreibe. Lerigau.de lautet die Adresse…"
Marc: "Hey, Lerigau.de, klar, cool! Das bist du? Das lese ich an-dau-ernd. Dich wollte doch ich immer schon mal kennenlernen, weil deine Artikel einfach so genial sind und mich schon soo oft inspiriert haben, und da schreibst du dich einfach mal in meine Geschichten rein? Na, wenn das mal nicht ne supergeile Idee ist (nickt dem Känguru hektisch

zu)! Herzlich willkommen in unserem trauten Heim, Holger! Känguru, mach mal Kaffee! Wir müssen dringend mal was zusammen schreib..."

OK, Schluss damit, wir wollen hier ja nicht übertreiben. Es reicht, wenn ich die beiden mal kennen gelernt habe.

„Ist der Kopf warm, ist alles warm"
meine Frau im Herbst

Fakten zu E10

Oder: Alles Super!
Diesen Artikel schrieb ich, als gerade der „neue" Kraftstoff Super E10 an den Tankstellen eingeführt wurde. Wer weiss, die genannten Preise sind vermutlich nicht mehr lange aktuell, aber das ändert ja nichts an meiner Aussage. Also hier der ursprüngliche Artikel:

Ich kann froh sein. Sowohl mein BWM als auch mein Renault vertragen laut Hersteller den "neuen" Kraftstoff Super E10. Wobei ich mir auch überhaupt keine Sorgen gemachte hatte, denn auf Grund meiner Renntrecker-Erfahrung hatte ich mich auch schon mit Ethanol-Kraftstoffen beschäftigt. E85 gibt es ja auch schon länger und von Bio-Ethanol haben die meisten sicher schon im Zusammenhang mit den speziellen Kaminen gehört (Wovon ich übrigens auch zwei besitze. Feine Sache, sehr behagliches Raumklima). Und, was nicht jeder weiss: Der bisherige Kraftstoff war auch schon immer ein "E5", denn eine Beimischung von 5% Ethanol zu den Benzinsorten ist schon länger zulässig. Und ich bin mir sicher, dass die Kraftstoffhersteller das auch allerfeinst ausgereizt haben.
Nun muss das Fahrzeug halt mit etwas mehr Ethanol zurecht kommen, was solls. Hintergrund dieser Einführung soll sein, den CO_2-Auststoss zu verringern. Ob das so gelingt ist noch fraglich, denn um das Ethanol herzustellen und in das Benzin zu mischen, werden z.B. einige LKWs mit Biomasse etc. hin- und hergefahren, diese stossen ja auch beachtlich CO_2 (und anderes) aus.

Ethanol hat einen etwa ein Drittel geringeren Energieanteil als Benzin. Aber hier muss man aufpassen, denn einige Internetseiten haben dieses falsch formuliert:
Ein Trost für die zehn Prozent, die den neuen Sprit meiden müssen: Durch den um 35 Prozent niedrigeren Energiegehalt des Gemischs steigt der Benzinverbrauch im Vergleich zu herkömmlichen Sprit an.
Und haben dabei nicht beachtet, dass Ethanol ja nur ein Zehntel des Kraftstoffes ausmacht und nicht das *ganze* Gemisch 35% weniger Energiegehalt hat. Dieses Detail ist wichtig, weil ja der Spritverbrauch

steigt, um auf die gleiche Energiemenge zu kommen. Wenn also der Energieanteil ca. 33% geringer ist macht das bei E10 nur gut 3% aus. Und da der Sprit vorher auch schon E5 war kann man diesen Wert nochmals halbieren, man kommt also auf ungefähr 1,8% geringeren Energiegehalt zwischen Super und Super E10.

Bei einem bisherigen Verbrauch von 8 Litern wären das dann 8,144 Liter. Bei einem Literpreis von 1,429 Euro wären das wiederum 2,5 Cent Mehrkosten. Aktuell war aber heute morgen E10 sechs Cent günstiger als der herkömmliche Sprit (1,489). Sicherlich wird bei keinem Fahrzeug ein Mehrverbrauch zustande kommen, der die Nutzung des bisherigen Super-Kraftstoffes rechtfertigt. Wenn die Preisdifferenz nicht weiter schrumpft. Es wird nicht einfacher an der Tankstelle, wenn man auf den Cent achten muss oder will.

Das eigentlich Gemeine für den Endverbraucher ist: Die Tank-Konzerne senkten nicht den Preis für E10 sondern hoben den für Super an. Die machen also einerseits doppelt Gewinn, weil E10 günstiger in der Produktion ist, dieser Preisvorteil aber nicht weitergegeben wird. Andererseits gibt es noch genug Fahrzeuge, die kein E10 fahren können, und die müssen nun mehr für den Sprit berappen (ohne, dass es einen Grund gibt, warum der nun mehr kosten soll). Und dann noch die Unwissenden, die "lieber weiter das alte Benzin weitertanken" obwohl das gar nicht notwendig ist.

Oder kurz gefasst: Solange Einzelne enorme Gewinne machen wird sich die Welt auch nicht (zum guten) ändern. Aber das ist eigentlich ein anderes Thema.

e-sprit

Neulich kam mir der seltsame Gedanke: *"Wie viel Mineralölsteuer muss man eigentlich auf Strom für Elektrofahrzeuge zahlen?"*.
Das ist sicherlich so formuliert eine eher blöde Frage, aber im Kern steckt dort ja drin, dass dem Staat so einiges an Einnahmen durch die Lappen gehen würde, wenn sich die E-Mobile so verbreiten wie angestrebt. Aber raffinierterweise heisst diese Steuer in Deutschland schon seit 2006 „Energiesteuer" und es gibt ja auch noch das so genannte Stromsteuergesetz, welches man hier heranziehen könnte, wenn die Einnahmen durch Mineralölumsatz (immerhin weit über 40 Mrd. Euro pro Jahr) zu sehr sinken sollten.

Tatsache ist aber, dass man sich bei der Kfz-Steuer schon durchaus einig ist, wie das zu berechnen sei. Bisher wurde ja immer der Hubraum des verwendeten Verbrennungsmotors als Basis dafür genommen. Geht natürlich bei einem Elektromotor nicht. Hier wurde das Steuerberechnungsmodell vollständig umgebaut, ich zitiere mal den entsprechenden Abschnitt für Elektrofahrzeuge:

(Quelle: Bundesfinanzministerium)
„Reine" Elektro-Pkw, deren ausschließlicher Antrieb durch Elektromotoren ganz oder überwiegend aus mechanischen oder elektrochemischen Energiespeichern gespeist wird, sind ab ihrer erstmaligen Zulassung zunächst für 5 Jahre steuerbefreit.

Elektromotoren: Es gilt eine Steuerbefreiung von fünf Jahren ab Erstzulassung. Nach Ablauf erfolgt die Besteuerung nach dem verkehrsrechtlich zulässigen Gesamtgewicht – allerdings mit einem um die Hälfte reduzierten Steuersatz. Unterhalb 2000 kg zulässigem Gesamtgewicht beläuft sich der Steuersatz pro angefangene 200 kg auf 11,25 und bei der geltenden 50% Ermässigung also auf 5,63 Euro.

Überhalb 2000 kg wird es etwas teurer, aber sicherlich werden die Elektrofahrzeuge für die private Verwendung deutlich unter zwei Tonnen wiegen. Selbst ein durchschnittliches "herkömmliches" Auto wiegt weit weniger. Und wenn die Autobauer pfiffig sind, werden sie bei der Einhaltung des zulässigen Gesamtgewichtes im 200 kg-Raster bleiben.
Etliche Fahrzeughersteller gehen den Weg, dass Käufer eines E-Autos den Akku dazu leasen müssen und nicht kaufen können, die Begründung ist zusammengefasst: "Wir wollen unseren Kunden diesen unsicheren Faktor nicht aufhalsen". Da ist sicherlich was dran, denn eine Batterie ist nicht billig und heut zu Tage verlieren Batterien bzw. Akkus noch mit der Zeit an Speicherkapazität. Aber ich finde, man sollte dem Kunden dennoch die folgende Wahl lassen:
a) Kauf dir die Batterie und sieh zu, wie du klar kommst oder
b) wir nehmen dir das Problem ab, dafür zahlst du monatlich dafür.

Aber so bleibt immer dieses klebrige Gefühl, die Fahrzeug-Konzerne tun das alles nur, um ihren Umsatz immer schön hoch zu halten. Sicherlich bleibt auch einiges an Gewinn bei dem Akkuleasing über. Es sind auf jeden Fall einige hundert Euro laufende Kosten pro Jahr für den Halter. Und was passiert, wenn der Leasingvertrag ausläuft? Kann man dann eine gebrauchte Batterie erwerben oder muss man einen neuen Vertrag abschliessen oder muss das Fahrzeug mangels Strom-Versorgung stehen bleiben, bis sich jemand findet, der wieder einen Akku mieten will? Davon abgesehen, dass man bei der Wahl eines solchen Fahrzeugs ja schon mit Einschränkungen leben muss: Wenig Platz, geringe Reichweite, relativ geringe Geschwindigkeit, Probleme, die nicht neu sind. Ich zitiere dazu noch mal Wikipedia:

Erst nach 1900 wurden die Fahrzeuge mit Elektromotor von solchen mit Verbrennungsmotor schrittweise verdrängt. Elektrowagen mit ihren schweren Akkus mit langer Ladezeit konnten mit der Reichweite von Wagen mit Kraftstoffmotoren nicht mithalten[...]

Alles in Allem steht und fällt der "Erfolg" von Elektroautos mit den Energiespeichern. Die Vorteile des Elektroantriebes an sich sind ja unbestritten: Leise, keine direkte Umweltbelastung, hohes Drehmoment in jedem Drehzahlbereich, Antrieb technisch einfach realisierbar (kein Getriebe etc. notwendig) uvm. Vielleicht liegt die Zukunft doch darin, den nötigen Strom direkt an Bord zu erzeugen (Stichwort Brennstoffzelle etc.), statt ihn aufwändig in Akkus zu speichern und "mitzuschleppen". Wenn man mal den aktuellen Stand der Wissenschaften ignoriert kann man ja auch an Fusionsreaktoren und ähnliches denken.

An diesem Punkt setze bzw. hoffe ich auf findige Tüftler, die sich zuhause irgend was tolles ausdenken, um all diese Hürden zu umgehen. Vielleicht wird dann ja der Begriff "eHacker" etabliert, weil diese sich nicht um die Vorgaben der Industrie scheren und selbst was auf die Beine stellen...vielleicht erfindet ja jemand heimlich den Funkstrom und lädt seine selbstgebauten Akkus beim Vorbeifahren an brennenden Strassenlaternen oder Unterdurchfahren von Hochspannungsleitungen auf, ohne das es jemand merkt?

Potential hat das ganze Thema noch und noch, man ist lange nicht am Ende der Entwicklung. Vielleicht können ja irgendwann die Akkus in die tragenden Teile des Fahrzeuges integriert werden, so dass der Akku keinen unnötigen Platz im Fahrzeug wegnimmt und gleichzeitig Gewicht eingespart werden kann. Warum sollte es nicht Akkus geben, die eine gewisse mechanische Last tragen können und nicht gleich die Umwelt verschmutzen, wenn sie z.B. bei einem Unfall zerstörerisch geöffnet werden? Flexible und formbare Batterien gibt es ja schon... muss nur noch jemand ins Auto bauen.

„Tausend träumen davon, hunderte segeln los,
einer kommt an - nicht Sie!"
Auf einer Bootsausstellung ein bekannter Weltumsegler zu einem
Möchtegern-Aussteiger, der nach seinen Chancen fragte
(Quelle: Bobby Schenk)

Nur der Harder nicht

Durch einen Zufall sah ich heute die Sendung "Nur der HSV" im NDR-Fernsehen vom 30.09., anlässlich des 125. Geburtstages vom Hamburger Sportverein. Dort wurde, interessant zusammengestellt, chronologisch über den HSV berichtet. In den Anfangsjahren tat sich erstmalig ein Stürmerstar hervor: Otto Harder. Er kämpfte auf dem Platz, schoss aus allen Lagen und hatte einen unermesslichen Drang zum Tor des Gegners. Ein Fussball-Idol, wie es heute viele gibt. Er war auch in dem Spiel dabei, als es 1922 um die Deutsche Meisterschaft gegen Nürnberg ging und selbst nach mehreren Stunden Spielzeit kein Sieger hervor ging (wegen einbrechender Dunkelheit beim Stand von 2:2 abgebrochen).
Zitat aus der Wikipedia:
Harder war … ein Techniker erster Klasse, aber sein Stil brauchte die Technik, die sich namentlich im ungeheuer sicheren Ballführen, klarem Schießen und Köpfen auswirkte, nicht zum Schnörkeln. Sie war ihm zur Voraussetzung seiner ureigensten Art mit einer beispiellosen Sicherheit und Kraft, mit einem selten gesehenen explosiven Start auf dem kürzesten Weg auf das Tor zuzusteuern, gegeben. Tull Harder zerbrach sich nicht den Kopf, wie man eine Aktion anlegen konnte, sondern er handelte sofort.
(1911 bekam Harder nach einem Gastspiel gegen Tottenham den Spitznamen „Tull")

Aber im oben genannten TV-Bericht fiel folgender Satz: "Wir haben Tull Harder bewusst niemals in eine Legenden-Elf aufgenommen… auf Grund seiner Karriere in der NS-Zeit".
Das gab mir zu denken. Und ich forschte: Er trat 1935 in die NSDAP ein und machte dort in der Tat eine Art "Karriere", wie sie damals sicher nicht selten üblich war. Ich fragte mich: Wie kommt so ein Sportler, der scheinbar nur den Ball und das Tor im Kopf hat, dazu? Dann stellte sich raus: Otto Harder leistete Kriegsdienst im Ersten Weltkrieg und erhielt sogar das Eiserne Kreuz. Zu Beginn des ersten Weltkrieges war Otto Harder gerade mal 21 Jahre alt. Ein junger Mensch mit vermutlich einfachen Zielen und mehr Drang als Erfahrung. Er hat den Krieg gesund überlebt und konnte danach

erfolgreich weiterspielen, erbrachte seine grössten Leistungen beim HSV. Was er in diesem Krieg erlebt (und getan) hat, darüber konnte ich keine Informationen finden und es wird auch nichts berichtet. Es hat offenbar keinen so sehr gestört, dass man danach hätte fragen müssen.
Bekannt ist aber, was er im zweiten Weltkrieg machte, und das war wahrlich nicht rühmlich. Zumindest im Nachhinein und von einem neutralen Standpunkt. Ich will hier um Gottes Willen nichts gut reden, doch ich finde, hier wird falsch gewertet: Man kann die Leistungen eines Menschen zu einer bestimmten Zeit nicht einfach abwerten, in dem man schaut, was er später tat. Und schon gar nicht in einem Krieg. Davor hat er nämlich sportlich einiges geleistet, auch für den HSV, und zu jener Zeit war er für viele sicher ein Fussballgott.
Vielleicht sollte der HSV auf sein ältesten Dauerkarten-inhaber Oscar Algner hören, welcher seinen Vater von 1934 zitierte:
„Also wir sind ein Sportverein und es ist egal, ob einer christlich oder jüdisch… ist. Wir treiben hier Sport und keine Politik!"
Otto Harder hat sportlich einiges für den HSV getan, besonders in den Anfangsjahren des deutschen Fussballs. Vielleicht war er gar einer der Gründe, warum es heute solch einen "Kult" um den Fussball, den Vereinen, den Spielern und den diversen Meisterschaften gibt. Und der zweite Weltkrieg ist so lange her, dass man ihn der heutigen (deutschen) Generation nun wirklich nicht mehr "vorwerfen" muss. Das hat mit Stolz und Scham nichts mehr zu tun, es handelt sich nun um Geschichte.
Lieber HSV: Ehrt den Spieler Otto Harder für das, was er für euch getan hat. Man muss ihn ja keinesfalls dafür loben, was er später tat … denn das Beste am Norden ist: "Wir haben auch Eier!"
(ein sportliches und keineswegs politisches Statement von mir, bitte nicht falsch verstehen)

Wahre unwiderlegbare Aussage

Folgenden Text schrieb aufgrund einer Abmachung mit einem guten Kollegen: Ich schreibe eine Meinung zu einem Thema und ganz egal, wie seine wahre eigene Meinung dazu ist, der andere muss daraufhin einen Text schreiben, der grundsätzlich die andere Seite vertritt. Deswegen ist mein Text auch etwas sehr drastisch formuliert, normalerweise bin ich nicht so....

***

Ich bin durchaus ein Kind des Internets. Ich war schon online, als noch mein nächster Einwahlknoten nur per Ferngespräch erreichbar war (wer kennt denn sowas noch?). Ich betreibe einige Internetseiten, bin in einigen Foren aktiv und passiv unterwegs, gebe Kommentare in Blogs und Beiträgen ab, mein Computer ist immmmmer an und online, ich mache Sachen im Internet, die Leute, die vor alles, was sie wollen "www" schreiben, gar nicht kennen und nie begreifen werden, ich schreibe mehr eMails als SMS, ich brauche mein iPhone kaum zum telefonieren, aber ich habe es nie verstanden, obwohl ich wie verrückt Informationen, Gründe und Erklärungen suche:
Warum zum Teufel brauche ich einen Facebook-Account?
Facebook und ähnliche Communities braucht kein Mensch und verbrennen mehr Zeit und Energie als Pornos zu produzieren (und/oder zu gucken). Dort tummeln sich doch fast nur Menschen, die nach Aufmerksamkeit, Anerkennung und Sex gieren und im Real Life dazu vermutlich nicht in der Lage sind. Und Klugscheisser, denen sonst keiner zuhört weils einfach keinen interessiert (jaaa, das ist sicherlich überspitzt und trifft nicht auf alle zu). Dennoch: Verschenkte Energie.
"Ich hab gut reden, ich war da ja noch nie", werden sicher nun einige einwenden. Genau, und ich muss da auch nicht hin. Ich will auch gar nicht über Statusänderungen anderer Leute per Mail informiert werden und ich will dort auch nicht hinterlassen, dass ich gerade einen neuen Blogeintrag verfasst habe und mir dann Leute dort bei Facebook statt im Blog mitteilen: "Gefällt mir". Denn dafür ist die Kommentar-Funktion freigeschaltet und da gehört es hin.

Warum muss man die gesamte Kommunikation von überall abziehen und auf FB und Co. zusammenziehen? Ich höre schon: "Ja, genau, das ist das tolle, alle Infos gebündelt, ist doch prima!" Nee, Leute, das ist Mist. Es gibt sowieso schon zuviel Information, und das noch alles auf einen Haufen werfen?
Man geisselt sich selbst, und das nur zum Selbstzweck.
Vom offenbar durchaus rentablen Zweck für die Betreiber der Plattformen will ich gar nicht erst anfangen und schon gar nicht vom Missbrauch etlicher nur scheinbar persönlicher Daten. Darüber wird sich an genug Stellen im Netz ausführlich ausgelassen.

***

Hier der Vollständigkeit halber die erwähnte Gegendarstellung (die ich selbstverständlich nicht selber schrub sondern der oben genannte Kollege, ich schwör!) als Antwort auf meine „wahre unwiderlegbaren Aussage". Der Text ist sicherlich auch etwas sehr provokant, aber das haben Gegendarstellungen ja oft an sich:

Sehr geehrter Holger,
Sie sehen die grösseren Zusammenhänge hier nicht. Natürlich wird Facebook benötigt, selbstverständlich brauchen wir Twitter! Das ist mitnichten Zeitverschwendung oder wie Sie schreiben „verschenkte Energie", ganz im Gegenteil, es handelt sich bei diesen Communitys um eines der erfolgreichsten Konzepte der neuen „e-volution"
Was hier passiert ist die Aussortierung der geistig Schwachen, der Manipulierbaren, der e-sklaven. Diese haben für die Evolution keine Wert und müssen dementsprechend in naher Zukunft verschwinden. Anscheinend hat aber die Evolution in den letzten Jahrzehnten einen friedlicheren Weg eingeschlagen, Auslaufmodelle werden nicht mehr eliminiert, die werden auf ein Abstellgleis geschickt und dürfen dort Ihr Leben fristen.
Als Auffangbecken für diese Gestalten wurden die Communitys entwickelt. Hier darf jeder sein, was er möchte, wozu er im „Real Life" niemals fähig wäre. Jeder darf seine Träume und seine Wünsche ausleben und dann glücklich auf sein Ende warten.

Dadurch, dass diese „Gemeinschaften" nur virtuell existieren, ist eine Vermehrung der Mitglieder ausgeschlossen, dies geht nun mal nur im „Real Life" mit entsprechendem Körpereinsatz.
Womit wir zusammenfassen können: Facebook und Co sind ein genialer Schachzug der Evolution. Nicht lebenstaugliche Spezies werden ausgegliedert und dürfen ein, ihren Fähigkeiten angemessenes, glückliches Leben führen!
Ob Sie, unter Berücksichtigung dieser Tatsachen, einen Facebook-Account benötigen, dass müssen Sie jetzt selber entscheiden….

„Wenn es wichtig ist rufen die noch mal an"
Mein Vater jedes mal, wenn das Telefon klingelte
und er nicht ran ging

Vom Mann, der nicht durch ein Laserschwert getötet werden wollte

Diesen Text schrieb ich spontan nach einer wahren Begebenheit während eines Arbeitstages:
***
Da hatte ich gerade eine Fernbedienung von einem Fernseher in der Hand und habe die Gelegenheit genutzt, meinen Kollegen (Herr P aus O, genannt Matze) imaginär mit durch meinen Mund erzeugten Laserschwertgeräuschen zu zerteilen. Tolles Gefühl und er war sogar etwas beeindruckt. Aber was sagt der Lump da? Er wäre ein Bounty-Hunter und hätte schnell sein Jetpack gestartet und wäre so meiner Attacke entkommen. Ich wiederrum erwähnte dann, er solle gefälligst wie ein Mann sterben, statt sich hier mit Fantasiegeräten in die Flucht schlagen zu wollen. Darauf hin wühlte er kurz in seinem Kopf und erzählte er mir, Jango Fett hätte das genauso gemacht, als er fast von Obiwan mit dem Laserschwert getötet worden wäre, müsste Episode 2 gewesen sein.
Verdammt.
Nun musste ich ihm offenbaren, dass ich mein Laserschwert zuvor auf Lautlos gestellt hatte und ihn schon zerschnibbelt hatte, bevor ich den Ton wieder an stellte. Kurz fing er an rumzumaulen, ein Laserschwert hätte gar keine Mute-Taste und überhaupt sein Jetpack sei irre schnell, aber wie gesagt: Man muss auch mal sterben können wie ein Mann.

Autofreier Tag

Ich habe heute erfahren, dass wegen der gerade wieder besonders hohen Benzinpreise (wieder mal) irgendwelche Bürgerinitiativen geplant sind. Es soll erreicht werden, dass jeder Fahrer sein Auto einen Tag stehen lässt.
Damit soll den Benzinkonzernen gezeigt werden, dass man das "mit uns nicht machen kann". Die Sache hat aber leider mehr als nur einen Haken: So ein Autofreier Tag macht sich in der Bilanz der Konzerne kaum bemerkbar. Zum einen, weil sicher nicht alle mitmachen (wenn es die Hälfte aller Autos werden würde, wäre das schon ein grosser Erfolg), zum anderen gibt es ja auch noch den Berufs- und gewerblichen Verkehr, der davon sicher nicht beeinflusst wird. Da sind der ÖPNV (Busse, Taxen), Warentransporte im kleinen und im grossen Stil, Handwerker und sonstige Kundendienste, die zu ihren Kunden "müssen", Landwirtschaftlicher Einsatz, Stadtreinigung und Müllentsorgung, ganz zu schweigen von Polizei und Krankentransporte, Notarzteinsätze etc. Vieles auch Dienstleistungen, die wir doch ob der "Servicewüste Deutschland" quasi angefordert haben und eigentlich nicht drauf verzichten wollen. Eben was bei Amazon oder Otto bestellen und morgen ist das da? Prima! Der Eiswagen an einem heissen Sommertag oder der bezahlte Winterdienst, wenn es mal schneit? Fein! Das alles geht aber (zur Zeit) nicht ohne Benzin- bzw. Dieselverbrauchende Fahrzeuge. Nehmen wir an, von den 40 Millionen Personenkraftwagen in Deutschland sind 30 Mio in rein privater Nutzung. Wenn davon nun 50% einen Tag nicht bewegt (bzw. getankt?) werden, dann passt grob folgende Rechnung, ohne genaue Zahlen kennen zu müssen: Für die Bilanzen der Spritkonzerne wäre das eine Umsatzeinbusse von: 100% Jahresumsatz / 365 (Tage) * 0,5= 0,14%. Eine Benzinpreiserhöhung von nur einem Cent hätte das um ein vielfaches wieder raus.
Wenn man irgendwas bewegen will, dann muss man die Tatsachen betrachten: Wir alle können sicher noch Energiebewusster Auto fahren. Nicht soviel beschleunigen, nicht unbedingt den nächsten LKW überholen, wenn man eh an der nächsten Abfahrt runter muss, oder einfach mal bei der Fahrschule um die Ecke einen Energiesparbogen

rausholen, um sein Wissen aufzufrischen In Folge würden wir weniger tanken müssen. Vermutlich werden dann die Benzinpreise wieder steigen, zumal das Gut "Rohöl" durchaus begrenzt ist.
Ich kürze hier mal massiv ab, weil man wirklich viel darüber schreiben könnte: Langfristig müssen neue Konzepte her. Ob es nun alternative Antriebe sind oder gar irgendwann Rationierung von Sprit. Im Grunde müsste sich sehr viel ändern, und zwar global. Ein Weg, der so lang und mühsam ist, dass das Ziel vielleicht nie erreicht werden kann.
Anstatt den Leuten zu sagen "heute fährst du mal kein Auto" und hoffen, dass alle mitmachen, ist es vielleicht netter und einfacher, wenn jeder für sich selbst einen regelmässigen Tag festlegt, an dem das Auto stehen bleibt. So kann das jeder an seine Bedürfnisse anpassen, ob es nun jeder Sonntag wird oder jeder Freitag, oder vielleicht nur jeden ersten Sonntag im Monat. In der Summe käme mehr raus als ein "vorgeschriebener" Autofreier Tag, an den sich sowieso kaum einer hält (oder halten kann) oder schummelt, weil er alle mobilen Unternehmungen auf die Tage davor und danach verteilt.
Wie sagte seinerzeit Roman Herzog, unser ehemaliger Bundespräsident?
"Es muss ein Ruck durch Deutschland gehen!"

Das fängt aber bei jedem Einzelnen an, der es den anderen vor macht. Wir können ja mit dem Benzin anfangen und wenn das klappt, machen wir den Rest auch noch besser.

Es gibt Saft, Androidin!

Vor langer Zeit in meinem Leben hatte ich eine ausgeprägte Sience Fiction-Phase. Definitiv geprägt durch „Star Trek – The next Generation". Nun, hier ist ein Ergebnis in Form einer sehr kurzen Geschichte:

***

ES GIBT SAFT, ANDROIDIN

"Haben Sie schon mal einen Klingonen grinsen sehen?", fragte der Verkäufer mit einem schmalzigen Grinsen auf dem Gesicht. Wir schauten uns Betten an."Dieses Modell macht aus jedem Krieger einen friedlichen Mann. Im Gegensatz zum kleineren Modell „Soul" kann dieses wirklich exklusive Gegenstück zu einem „echten" Nagelbrett (er lächelte verschmitzt) jeden Mann um seine Vergangenheit bringen. Darum der Name: The Lost Soul."

Ich winkte ab, als er zu noch mehr ausholen wollte und sagte zu Gina: "Das ist es."

"Gegencheck der Buchung erfolgt," sagte die süsse Gina, der man nicht ansah, dass sie eine Maschine war, und dann noch: "Bist Du sicher, das wir all` das brauchen? Unterwäsche benötigt meine Einheit nicht, zumal das Anlegen meine Servo-Motoren bis zum Limit belasten wird. Auch die veralteten Gewahrsamsutensilien sind für eine Genesung laut meines Med-Programmes nicht erforderlich." Sie meinte damit die Handschellen. Aber wie sollte ich ihr das alles erklären? Man konnte einem Androiden, pardon, einer Androidin nicht mit viel Worten beikommen. "Ich werde dein Programm anpassen und auf den neuesten Stand bringen" versprach ich ihr, wohlwissend, das Sie eher schmelzen würde als meinen Worten nicht doch zu glauben.

Das neue Bett war bereits geliefert und aufgebaut, als wir zuhause ankamen. Ich legte mich gleich mal drauf und genoss die äusserst angenehme Konturmatraze. "Konsole", sagte ich und vor meinen Augen erschien ein Steuerdisplay. Dort stand: „Was wünschen Sie?" Und dann eine interessante Liste:

1. Schlafen
2. Entspannungs-Massage

3. Solo-Stimulierung
4. Partner-Stimulierung
5. Hilfe und Rat (bitte erst wahrnehmen)

Da ich gegen das Studieren von Anleitungen war, wählte ich die "vier" und rief: "Gina, kommst du bitte mal? Ich möchte jetzt deine Programmierung anpassen".
Sie setzte ihre neuen Anweisungen hervorragend um und die temporäre Körperanpassung auf 100-60-90 stand ihr ausgezeichnet. Die Entwickler des Bettes "the Lost Soul" waren so pfiffig, auf die Menü-Punkte drei und vier automatisch Punkt "eins" folgen zu lassen.
Es hat wirklich Vorteile, einen weiblichen Androiden sein Eigen zu nennen, dachte ich, bevor ich in einen tiefen Schlaf fiel.

Lieb-sein-Tag

So Leute, aufgemerkt! Ab heute gibt es einen "Lieb-sein-Tag"! Damit das nicht falsch gelesen und verstanden wird: Immeram zum Beispiel zweiten Freitag im Juli ist der Tag, an dem wir alle Lieb sind. Und was heisst nun "Lieb sein"? Ich zähle mal ein paar Dinge auf:

- ☒ Keine Scherze auf Kosten anderer (Kollegen verarschen ist nicht…)

- ☒ Wenn man was leckeres zu naschen hat: Ruhig mal anderen was anbieten

- ☒ Im Strassenverkehr nicht über andere aufregen, mal jemanden vorlassen etc.

- ☒ Bei Kundenkontakt einfach mal ein Auge zudrücken, auch wenn es der Kunde vielleicht nicht verdient hat

- ☒ Nicht mit den Kindern schimpfen, wenn sie wieder ein Loch in der Hose haben (usw usf)

- ☒ In den Lieblings-Internetforen nicht andere zurechtweisen, weil sie eine Frage zum x-ten mal stellen, sondern einfach beantworten

- ☒ Die Fliege, die einen nervt, nicht gleich tot hauen

- ☒ beim Einkaufen entspannt an der Kasse in der Schlange warten, bis es so weit ist

- ☒ In der Kantine nicht über das Essen meckern

- ☒ Wenn der Computer wieder mal nicht das macht, was man will: einfach mal durchatmen

- ☒ Nicht über Politiker schimpfen
- ☒ den kleinen Bruder/ die kleine Schwester nicht hauen
- ☒ etc. pp.

Ich denke, ihr habt die Idee verstanden. Am nächsten Tag kann man dann einfach mal drüber nachdenken, wie das so war. Und damit das immer besser wird machen wir das einfach jeden zweiten Freitag im Monat, bis alle mitmachen!

Schäfchen zählen

Wirklich passiert: Neulich Nachts konnte ich nicht einschlafen. Ich war zwar müde und musste auch hin und wieder gähnen, aber der sanfte und angenehme Übergang in eine Schlafphase, quasi ohne "Bewusst sein", wollte nicht eintreten. Gedanken sausten in meinem Kopf herum. Alles nichts total wichtiges oder schlimmes, nichts, was nicht noch nen Tag hätte warten können, aber doch: Sie hielten mich wach. Erstmal was lesen. Ein Buch mit diversen Kurzgeschichten "für den Urlaub". Nett, aber nicht ausreichend ermüdend. Irgendwann gegen 2:30 merkte ich, dass es sinnlos war und stand auf. Eben an den Rechner und Sachen machen.
Ich hab dann in Ruhe einen Blog-Artikel geschrieben und bin dann, als ich die aufsteigende Müdigkeit bemerkte, wieder ins Bett geschlichen. Fernsehen kann ich dann nicht gucken, weil ich mich dabei meistens nur aufrege über das was da läuft, und das macht mich noch wacher. Jetzt etliche Seiten in "Das Boot" gelesen. Licht aus, Augen zu, Chance vertan: Ich denke. Irgendwann war es so spät, das ich schon anfing zu denken „wenn du jetzt einschläfst, dann wachst du morgen (gleich/nachher) nicht rechtzeitig auf". Und das ist ja Unfug, jedes Stündchen Schlaf ist Gold wert. Aber mit so einem Krempel hält mich mein Kopp in solchen Momenten hinterlistigerweise wach.
Also hab ich zur klassischen Methode gegriffen und Schäfchen gezählt. Aber so richtig bewusst: Wie jedes Einzelne antrabt, über ein Stück Zaun springt und da irgendwo stehen bleibt. 1… 2… 3… während die süssen Dinger sprangen und sich zählen liessen, dachte ich mein Kopf darüber nach, warum der Zaun denn wohl so kurz ist und warum die Viecher da drüber springen. 7… 8… 9… achja, ich wollte das ja genau so….. 11… 12… mir fiel auf, dass sie von links nach rechts vorn sprangen. 17… 18… 19… ob die wohl auch anders rum springen können? 22… nein, das geht ja nicht, weil dort die schon gesprungenen Schafe im Weg stehen. Doch wieder weiter wie gehabt, soll ja auch einschläfernd wirken und da ist Monotonie genau das richtige. 31… 32… 33… weit kam man so nicht… 34… ob die auch zu zweit da drüber springen können? 38… 40… nein, das geht ja nicht, weil der Zaun viel zu kurz ist… 41… doch wieder einzeln weiter… 43… 44…

45... kann man das eigentlich automatisieren, so dass ich das nicht selbst zählen muss? 52... 53... ist schon mühsam und langsam kriege ich Hunger.... 55... 56... 57... man könnte technisch betrachtet die Schafe auf eine Art Rad montieren und wenn dieses sich dreht dann sieht es aus, als wenn die über den Zaun springen.... 64... 65... nee, das sieht scheisse aus.... 68... 69... 70... erst bei siebzig, mann o mann.... 71... 72... das Zählen kann man sicher auch elegant per PHP lösen..... 74... 75... dann noch ne passende Domain dazu... 77... "schlafschafzaehler.de" und dann mit Aboservice und Newsletter.... 81... 82... 83... so könnte man sich per SMS, Mail oder Twitter informieren lassen, wie weit man mit dem zählen ist.... 87... 88... 89... auf der Seite könnte man sogar eine Highscoreliste aller schlaflosen Schafzähler veröffentlichen.... 91... 92... 93... puh, gleich wirds dreistellig, vielleicht erschöpft mich das ja ausreichend.... 99... 100. 101... Fünf Uhr und ein paar zerknautschte. Eieiei, nun wirds knapp mit ausreichendem Schlaf. So plötzlich, wie ich dann doch eingeschlafen bin, so plötzlich wurde ich von meinem Wecker daran erinnert, dass es Zeit ist, aufzustehen.

Diese Nacht hatte ich überstanden und zum Glück kommt sowas nicht oft vor.

Ein kleines Gedicht

Vom ersten Schrei, denk dran!
bis zum Vergessen des letzten Atemzuges:
Dran denken und vergessen,
daraus besteht doch nur das ganze Leben.

Das fiel mir gestern auf dem Arbeitsweg ein. Reimt sich zwar nicht, aber als ich darüber sinnierte, merkte ich, wie viel Wahrheit darin steckt. Ob irgendein anderer schon die gleiche Erkenntnis hatte, habe ich nicht nachgeforscht… ganz vergessen.

Echtes Geld

Wie immer zum Jahresende wurde wieder mal berichtet, dass noch gut 13 Milliarden D-Mark im Umlauf seien. Aber wenn man das mal in Euro umrechnet, dann sind das ja nur noch 6,5 Mrd., was kann man damit schon anfangen... nee, im Ernst: Ich selbst hab hier auch noch einiges von dem echten Geld hier rumliegen.

Den Fünf-Mark-Schein hatte ich früher mal als absolute Notreserve in meiner Geldbörse, versteckt hinter vergessenen aber immer mitgeschleppten Visitenkarten und Kassenbons. Es war immer ein gutes Gefühl, nie ganz pleite zu sein. Heutzutage hat das mit einem Fünf-Euro-Schein überhaupt keinen Sinn, der ist quasi genau so schnell ausgegeben wie sein grosser Bruder, der 50er. Mit allen Münzen, die ich noch daheim habe, komme ich ganz sicher auf 50,- DM. Wenn ich die nun eintauschen würde, bekäme ich dafür 25,- Euro. Und was kann man damit machen? Auf jeden Fall nix spezielles, nicht mal meine Frau könnte ich damit zum Essen einladen ("damals", mit 50 Mark, war das kein Problem). Die 25 Piepen wären ruck zuck weg und ich hätte danach keinen passablen Gegenwert vorzuweisen. Da kann ich die Scheine und Münzen doch besser behalten. So kann ich zumindest subjektiv niemals Pleite sein. Ausser den Pfennigen etc. habe ich auch noch einiges an Münzgeld aus dem europäischen Ausland: Holländische Gulden, Italienische Lire, Spanische Pesos usw. Irgendwann baue ich mir daraus mal einen Tisch: Ein quadratische Platte mit Filz überzogen, darauf die Münzen verteilt und mit einer Glasplatte abgedeckt. Auf diesen "wertvollen" Tisch könnte ich zum Beispiel ein gläsernes Schachspiel stellen, so sieht man die meisten Münzen immer noch durchscheinen. Ja, ich denke, das ist eine gute Idee. Muss ich nur noch einen guten Platz zum hinstellen finden und den Tisch erstmal bauen.

Das meiste des noch im Umlauf befindlichen Deutschmark-Geldes wird sicherlich auf ähnliche Weise überall rumschlummern: In Schubladen und Sofaritzen, durchbohrt als Unterlegscheibe, Scheine dekorativ in Bilderrahmen. Und vermutlich ist weit über eine Milliarde DM schon vernichtet, ohne, das es jemand wissen kann: Irgendwo mit verbrannt, auf Deponien gelandet, eingemauert, mitgewaschen, in die

Kanalisation gefallen, auf dem Grund von Gewässern, in Bergspalten, oder in Handschuhfächern und Aschenbechern von verschrotteten Autos usw usf.

Aber wenn ich so darüber nachdenke könnte es sich lohnen, bei Haushaltsauflösungen und auf Flohmärkten mal einige Bücher zu durchblättern… nicht weitersagen, das ist jetzt ein Geheimtipp, um doch noch an einen lohnenswerten Bruchteil des Geldes zu kommen!

Hunde aus dem Ausland

Nicht nur, wenn man sich einen Hund zulegen möchte, auch bei vielen anderen Gelegenheiten stösst man auf Vereine, die sich darum kümmern, Hunde aus dem Ausland (oft Spanien, Griechenland, Ungarn, Serbien) nach Deutschland zu vermitteln. Das mag nach einem hehren Ziel klingen, werden doch viele Tiere vor einer Tötung bewahrt und finden ein schönes neues liebevolles Heim bei einer Familie in Deutschland. Es stellt sich aber auch die Frage: Ist es wirklich die wahre Tierliebe, dieses zu tun? Ich habe nun einige von diesen Leuten kennengelernt, die in solchen Tierrettungs-Vereinen tätig sind und einige haben ihre neuralgischen Punkte, ab dem deren Argumente... komisch werden. Es bildet sich ein extremer "Tunnelblick", der nur das Wohl des Hundes im Ausland sieht und nichts drumrum. Ich will hier nun keine Gegenkampagne starten, um das zu unterbinden, und natürlich will ich nicht alle engagierten Mitarbeiter über einen Kamm scheren, aber ich möchte gerne mal einige Aspekte bringen, die von diesen Vereinen bei einer Vermittlung natürlich eher positiv formuliert werden, obwohl sie es nicht unbedingt sind.

Zunächst: Was bewegt all diese Menschen, die sich um Hunde im Ausland und deren Vermittlung (nach Deutschland) kümmern? Sicher ist es ein gesundes Mass an Tierliebe, welche jeder Mensch inne haben sollte. Dazu die Erkenntnis, dass der einzelne Hund für sein Schicksal ja nichts kann und man ihm helfen müsse. Aber was diese Tierretter oft gemeinsam haben: Ihnen fehlt die vernünftige Einschätzung der Situation. Was wird nicht alles betrieben, um ein Tier zu vermitteln oder zu retten. Hunde, die wirklich schon halb tot sind, voller Parasiten und sonstigen Erregern (was manchmal gar nicht ausbleibt bei den traurigen Vorgeschichten der Hunde), Tiere, die selbst nach gelungener Heilung noch Spätfolgen haben: Amputierte Gliedmassen, bleibende Organschäden, epileptische Anfälle, dauerhafte Einnahme von Medikamenten usw. Ist das ein besseres Leben für einen Hund als ihn "gleich" zu erlösen?

Ganz abgesehen von dem jeweiligen finanziellen Aufwand, mit dem man vielen anderen Tieren helfen könnte. Nicht jede Hilfe ist freiwillig und kostenlos. In den meisten Ländern gibt es so genannte Tötungsstationen für Hunde. Das klingt vielleicht fies, aber es ist ja kein Schlachthof. Zig dutzende von Hunden werden dort "gesammelt", weil sie Streuner sind, Wild, Natur und auch Menschen gefährden, Seuchen verbreiten oder einfach "über" sind. Und da in vielen Ländern die Kastration von Hunden nicht verbreitet oder gar verpönt ist, wird das nie enden.

Viele dieser Hunde werden Monat für Monat nach Deutschland transportiert. Das heimtückische daran: Es gibt die so genannten Reise- oder Mittelmeerkrankheiten. Das sind diverse Erreger, die es nicht in ganz Europa gibt sondern nur in gewissen Regionen. Jede Internetseite von Vereinen, die sich mit der Rettung von Tieren im Ausland beschäftigen, weisen darauf hin und haben umfangreiche Informationen darüber. In den jeweiligen Ländern sind die Erreger eben da, viele Tiere können da auch gut mit leben, einige werden geimpft, andere sterben daran. Nun werden aber diese Erreger mit den Hunden nach Deutschland gebracht, wo der "deutsche" Hund (und andere Tiere) schutzlos diesen Erregern gegenübersteht. Und auch der "gerettete" Hund: Oft bricht die Erkrankung erst in Deutschland aus, weil so viele ungünstige Faktoren zusammen treffen: Nicht ausreichende Vorsorge-Impfungen der Tiere, der Stress beim Transport des Tieres, die neue Umgebung mit neuen Menschen, ein völlig anderes Klima, anderes Futter, vielleicht weitere Tiere im Haushalt. Es gibt zahlreiche Gründe, warum ein zuvor im Ausland scheinbar kerngesunder Hund in seinem neuen Heim plötzlich erkrankt.

Natürlich ist es nicht so, dass jeder Hund erkrankt, aber das Potential ist schon gross und die Wahrscheinlichkeit, dass der Hund irgendeinen "fremden Erreger" in sich mit bringt, liegt sehr hoch. Schon wegen der unvermeidbaren Enge in den Tötungsstationen und/oder beim Transport kann man nicht davon ausgehen, das ein infizierter Hund nicht weitere ansteckt. Und auch, wenn ein Tier dem Land entsprechend korrekt geimpft ist (eine der Bedingungen, um ihn überhaupt nach DE einzuführen), dann muss diese Impfung nicht deutschen Regelungen entsprechen Es können also weniger Impfungen sein als hierzulande vorausgesetzt. Man sollte sich dessen immer bewusst sein und ggf. in Kauf nehmen, dass man einen vermittelten

Hund noch medikamentös behandeln muss, damit er wirklich gesund und munter alt werden kann.

Wenn man den Hunden im Allgemeinen wirklich was gutes tun will, dann sollte man vielleicht nicht versuchen, möglichst alle Tiere zu vermitteln (was eh nie funktioniert), sondern mehr Kampagnen starten, die die ungezügelte Vermehrung der Tiere von vornherein unterbindet. Das mag im ersten Moment herzlos klingen, ist aber bei richtig gelebter Tierliebe sicher die bessere Entscheidung.

Und wenn dann doch der ein oder andere Hund vermittelt wird, welcher umfassend untersucht und geimpft wurde, dann kann er und die neue Familie sich gemeinsam freuen. Ganz am Rande sei bemerkt, das auch in heimischen Tierheimen etliche Hunde (und andere Tiere) auf eine erfolgreiche Vermittlung hoffen. Das hat natürlich auch weitere Vorteile: Man kann das Tier etwas kennenlernen und muss sich nicht "aus der Ferne" anfreunden, man kann sich im wahrsten Sinne zunächst beschnuppern.

Das klingt nun alles sehr negativ, sollte es gar nicht. Aber ich möchte halt auch mal eine andere Seite darstellen, weil eben leider im Leben nicht alles immer so schön ist, wie man es gerne hätte. Dennoch wünsche ich allen vermittelten Tieren, woher auch immer, alles Gute und endlich ein Zuhause, wo sie glücklich und gemeinsam mit netten Menschen alt werden können!

„Für welche Ziele opfern wir denn unser Lebensglück?"
eine verschmähte Königin der Medici,
um 1500 (*daVincis Demons*)

Unfähige Ninja vs. vorlaute Jugendliche

Ich bekam eine Diskussion zwischen meinen Söhnen mit:
Sohn1: Gegen einen Ninja kannst du gar nichts machen
Sohn2: Hä? Wenn du zum Beispiel mitten auf einem total leeren Parkplatz stehst und nicht weggehst und da wartest, bis er (der böse Ninja, der einem was will) kommt, dann kannst du ihn doch einfach abballern.
Sohn1: Son Ninja, der schleicht sich einfach an, das merkst du gar nicht.
Sohn2: Haalllo, ein leerer Platz, wo soll er sich denn da anschleichen?!?
Sohn1: Das ist ja die Kunst der Ninja, der schafft das eben.
Sohn2: Mit Rauch oder so braucht er doch gar nicht anfangen, das sehe ich doch auch.
Sohn1: Aber du siehst den Ninja nicht mehr und dann kann er dich alle machen.
Sohn2: Ich schiesse einfach in diese Rauchwolke
Sohn1: Ein Ninja weicht den Kugeln aus
Sohn2: der sieht doch auch nichts in dem Rauch!
Einwand von mir: Es gibt doch bestimmt auch unfähige Ninja?
Sohn2: Ja, wenn ich da auf dem Parkplatz auf ihn warte…
Sohn1: Wenn ein Ninja unfähig ist, dann ist er vielleicht gar keiner?
Ich: Wenn der euch begegnet, dann muss er wohl nicht viel drauf haben. Er könnte euch einfach in ein Gespräch verwickeln und ihr seid dann abgelenkt genug…
Sohn1: Das ist aber nicht Ninja-mässig
Ich: Doch, die kämpfen mit allen Mitteln.
Sohn2: Aber der könnte uns doch gar nicht nah genug kommen, um uns anzulabern, wenn wir da auf diesem leeren Platz stehen!
Sohn1: Dann macht der das, wenn du wo anders bist!
Sohn2: Ich gehe da nicht weg!
Sohn1: Irgendwann musst du!

An diesem Punkt hab ich mich wieder rausgehalten, das führt ja zu nichts. Die kennen halt nicht Filmklassiker wie "American Ninja" und

Chuck Norris kennen die nur durch vielen die authentischen Lebenswerkfakten über seine Person.

Uns allen erwachsenen, reifen, gebildeten männlichen Mitmenschen ist doch klar: Ein Ninja kriegt dich, es sei denn, du bist selbst heimlich ein ausgebildeter Ninja und dein Angreifer hat weder einen Namen noch ein erkennbares Gesicht, weil er schwarz verhüllt ist. Dann ist er das nächste Opfer. Hach, meine Jungs müssen noch so viel lernen.

Ich hab heut noch gar nichts gegessen

Ich muss mich mal eben über (richtig) dicke Leute aufregen:

Meine Frau ist recht dünn und nicht selten bekommt sie zu hören: "Iss mal mehr, du fällst ja bald vom Fleisch!" und ähnliche Dinge. Und genau so wenig selten kommt das von Leuten, die sich ein Kommentar über Körperfett besser verkneifen sollten. Aber sag mal einem Übergewichtigen, dass er seine Nahrungsaufnahme besser regulieren sollte: "Hör mal auf zu essen, du platzt ja bald aus allen Nähten!" Dann ist aber was los! Wie kann man nur und die Dicken habens doch eh nicht leicht und ich hab ne Weizenallergie und meine Drüsen und und und. Oft auch erfahre ich von den Dicken, wie dick denn andere seien und das kann ja nicht angehen und hast du die gesehen, was hat die denn an blablabla.

Ich hab' Kollegen, die sitzen zur Mittagszeit in der Küche und knabbern eine Tomate und ein dünnes Brot mit Lätta. Aber genau diese Kollegen sind, naja, übermässig dick. Da frag ich mich: Wo kommt datt denn her? Tomatenfett wirds ja nicht sein. Und dann trifft man sie mal auf der Weihnachtsfeier vorm Büffet und hört sie sagen: "ich hab den ganzen Tag noch nichts gegessen" und knallen sich den Teller voll, bis der Schinken an der Seite runterhängt. Und weil es ja gesünder und nicht soviel Fett drin ist und überhaupt, nehmen sie statt einer Scheibe Schweinebraten zwei Teile Putenbrust in Panade, am besten noch mit nem ordentlichen Schlag Sauce Hollandaise ("die hatte ich ja schon lange nicht mehr gegessen"), dazu natürlich vor Fett glänzende Bratkartoffeln mit Speck drin und für Gemüse ist kein Platz mehr, ausser vielleicht Bohnen im Speckmantel, da kann man noch son Röllchen oben rauf packen.

Und wenn sie alles verschlungen haben und keinen Nachschlag mehr brauchen ("von dem wollte ich aber auch noch was probieren") dann essen sie das Dessert von drei Kollegen weg ("oh, das ist sooo lecker, da kann ich nicht nein sagen"). Und während sie auf ihren Verdauungs-Eierlikör warten erzählen sie von ihrem stressigen Tag "ich konnte nicht mal richtig Mittag machen". Erwähnen aber nicht, dass sie alle Viertelstunde in ihre mit Duplo vollgestopfte Schublade greifen. Diese

Duplos haben die aber nicht von einem Verehrer als Liebesbeweis erhalten sondern sich selbst allein und heimlich geholt wie ein Penner seinen Schnaps. Wenn man denen dann im Laden begegnet kommt wieder "Ich hab heut noch gar nichts gegessen und Kiwis, die vertrag ich gar nicht, da krieg ich hier, guck mal hier, so kleine Pickel…". Ich kann es nicht mehr hören.
Zuhause haben sie alle nen eingestaubten Stepper stehen, weil die Leute im Fernsehen alle glücklich und schlank sind, wenn die da drauf trainieren.
Und kommt mir nicht mit "du siehst ja auch nicht gerade aus wie Tarzan". Das weiss ich. Darum geht es auch gar nicht. Es geht auch gar nicht um Leute, die dicker sind als sie sein könnten. Mir geht dieses Gelaber von einigen Exemplaren auf'n Sack. Als wenn man das alles wegreden könnte. Ich weiss auch, dass für einige die Situation wirklich nicht einfach ist. Aber das ist sie für meine Frau zum Beispiel auch nicht. Sie ist übrigens von Geburt an Neurodermitikerin und darf einige Dinge wie Schweinefleisch und Fisch nicht essen, weil die körperlichen Reaktionen darauf wirklich nicht gut sind.
So, fertig. Alles wieder gut, aber das musste mal raus.

Damals, im Internet

Seinerzeit war ich auch ab und an in den T-Online-Gruppen (RIP) unterwegs und dort gab es u.a. die Gruppe t-online.talk.allgemein, auch "tota" genannt. Das war wirklich nur eine Quasselgruppe, wo selbst das berüchtigte T-Online-Team zwar grundsätzlich irgendwie moderierend aber schon extrem entspannt unterwegs war. Dort gab es mehr oder weniger regelmäßig auch das so genannte "Lexikon-Spiel", bei welchem ich genau einmal teilgenommen habe. Bei diesem Spiel wird ein Begriff vorgegeben und man soll für diesen Begriff eine möglichst kreative Beschreibung liefern (die natürlich nicht wahr sein muss). Das war im Jahr 2002 (mann, ist das lange her…). Und was soll ich sagen: Bei dieser einen Teilnahme habe ich doch gleich mit meinem Beitrag gewonnen, er wurde durch die anderen zum Sieger gekürt. Obwohl er eigentlich gar nicht den Spielregeln entsprach, ist er doch mehr eine Geschichte als eine Erklärung.

Und euch, liebe Leser, will ich diesen Beitrag nun nicht vorenthalten. Der vorgegebene Begriff lautete:

Talayot

Noch ein Hinweis für alle, die mit den Newsgroups so gar nichts anfangen können: Der in der Geschichte erwähnte Begriff „dasVau" ist eine Abkürzung für eine sehr spezielle Newsgroup namens „de.alt.soc.Verschwoerung". Dort tummeln sich allerlei Leute mit recht verwegenen Verschwörungstheorien (und dient den meisten anderen Leuten als Belustigung). Diese Gruppe gibt es immer noch...

***

Ich war wie im Koma. Drei Tage war ich nun in einem Stück im Usenet, ich hatte ca. 90 der meist trafficisierten Gruppen besucht und musste an allen Fingern Fingerhüte tragen, da das Fleisch drohte, die Tastatur zu verkleben. Ich musste mal raus. Nicht nur meine Blase, auch der Rest meines Körpers sehnte sich derart nach etwas natürlichem Licht und einer realen Umgebung, wie sie www.gott.de selber erschaffen haben mochte. Ich wankte auf die Strasse und

während streunende Hunde versuchten, mir die Pizza-Reste vom T-Shirt zu nagen, ohne meinen Socken nahe zu kommen, überlegte ich, welches Ziel wohl am passensten wäre. Ich wusste nicht genau, wo ich mich befand. Der Gruppenname auf dem Schild am Ende der Strasse war unleserlich durch meine 75Hz-optimierte Brille. Irgendein vergessener Cache in meinem Hirn gab die Erinnerung frei, dass die Sonne nützlich zur Positionsbestimmung sei, jedoch fand ich die Sonne nicht. Kurz darauf stellte ich fest, dass die Pings, die ich immer wieder aus den Augenwinkeln wahrnahm, nichts weiter waren als Laternenmastenlichter, die an meinem ziellosen Auge vorüber wischten. Mir wurde klar, das es Nacht, zumindest Abend sein musste, als ich an einem wahnsinnig grossen Ping, ähm, beleuchtetem Schild vorbei kam. Was stand da? TLZ? Sofort packte mich der Ehrgeiz eines Menschen, der weiss, was sich gehört und durchschritt die Tür. Noch bevor jemand mich wirklich wahrnehmen konnte brüllte ich los: " Hier herrscht Realnamespflicht! Was soll das bedeuten: TLZ, soll ich darauf etwa antworten?" Jetzt hatte ich plötzlich alle Aufmerksamkeit auf mich; ich sah mich bestärkt, meinen Feldzug gegen derartige Schandtaten weiter zu führen: "Wenn hier einer glaubt, er könne unter irgendeinem Pseudonamen Dinge verbreiten, die man sich unter eigenen Namen nicht getraut, dann kann er sich von mir nur einen Plonk einfangen!" Plonk machte es, als ich wie von einem Hammer getroffen zu Boden fiel. Einer der Angesprochenen hatte mir so schnell einen Haken verpasst, dass ich meine Cursor-und-Maus-Tasten nicht mehr erreichte, um mich zu verteidigen.
Ein Reset meiner -durch groben Eingriff verstellten- Funktionsparameter in Form einer kalten Dusche liess mich in den abgesicherten Modus booten: Sofort nach dem Erwachen krabbelte ich in eine Ecke, hielt mir die Augen und Ohren zu und schrie: "Ich war's nicht!"
Eine warme Stimme fragte mich: "Wo ist denn dein Problem? Wer hat dir was getan?" Ich, etwas irritiert, entgegnete: "Wo bin ich denn? Was heisst TLZ? Warum schreibt ihr den Namen nicht im Klartext hin?". Stille. Dann: "Wo steht TLZ? Draussen, über der Tür zu unserem indischen Restaurant steht TaLaYot; die Gestaltung des Schildes beruht auf Hindu-Lehren und das "Z" könnnen wir nirgends entdecken." Plötzlich fiel mir ein, das ich ja zuhause stets meine olle Tastatur

verflucht hatte und aufgrund von Erfahrungsberichten in das Vau vor nicht all zu langer Zeit zu einem "Original-US-Keyboard" gewechselt bin… "F*ck off the Z!"

Energiebilanz im Körper

Jeder kennt es, jeder liebt und hasst es zu gleich: Leckeres Essen ist toll, aber was danach am Körper verbleibt, das ist doof. Es ist so einfach, viel zu essen aber so schwer, wieder abzunehmen.
Dabei ist die Lösung, das Geheimnis, im Grunde so einfach: Was reingesteckt wird muss auch wieder verbrannt werden. Wenn man aber täglich z.B. 101% von dem, was der eigene Körper benötigt, reinstopft, dann hat man einen Überschuss, der sich mit der Zeit in Hüftgold verwandelt. Wobei 1% mehr wirklich nicht viel sind, möchte man meinen. Das geht dann eben so schleichend, wie viele das kennen. Und die Informationen, die unsere Gene bezüglich der Nahrungsaufnahme gespeichert haben, passen leider nicht mehr in unsere moderne Welt: Der Körper speichert für schlechtere Zeiten, also für lange Hungerperioden, für schlecht versorgte Zeiten (wie den Winter). Aber wir haben keine Mangelversorgung. Wann immer uns beliebt können wir essen, was wir wollen. Und unser Körper lagert den Überschuss fleissig als Fett ab: wer weiss, was kommt.
Also müssen wir nur dafür sorgen, dass unser Körper regelmässig mehr Energie benötigt. Das geht ganz einfach durch Muskelmasse. Denn: Ein aufgebauter Muskel benötigt für den alltäglichen "Betrieb" mehr Energie als ein durchschnittlicher Muskel. Es muss ja nicht gleich Bodybuildingartiger Aufbau sein, es reicht in kleinen Schritten. Und mit etwas Gewöhnung und Disziplin geht das sogar ohne besondere Sporteinlagen: Körperspannung.
Spannt eure Muskeln in den Armen, Beinen, am Po, am Bauch immer wieder mal an, ruhig mit Wiederholungen (5-10x, ihr wisst schon). Morgens beim Zähneputzen und Haare fönen, während ihr auf der Couch liegt oder gar während der Büroarbeit auf dem Schreibtischstuhl. Wenn ihr lernt, euren Bauch einzuziehen (nach oben "reinatmen"), werden damit auch die Bauchmuskeln trainiert. Damit kann man schon nach wenigen Wochen einen Erfolg in der eigenen "Linie" feststellen. Genau wie bei den Armen: Auch wenn euer Fön keine 5 Kilo wiegt kann man trotzdem den Bizep etc. anspannen, wenn man ihn festhält. Die Muskeln verrichten Arbeit und Arbeit benötigt Energie. Energie = Fett. Derlei Situationen gibt es genug im Alltag und

wenn man das etwas verinnerlicht, dann findet man immer wieder "beiläufige Gelegenheiten". Man muss z.B. eine Kiste Wasser nicht immer am langen Arm tragen sondern kann versuchen, diese vor die Brust zu halten... wichtig dabei: Immer aufrecht gehen, schont euren Rücken!

Natürlich ist das nichts, was man so drei bis sechs Wochen durchzieht und dann Erfolge sehen will: Nein, dieses Anspannen der Muskeln muss zum Alltag werden und irgendwann, wenn man fast gar nicht mehr daran denkt, dann merkt man vielleicht, das es sich gelohnt hat.

Man darf nur keinesfalls den Fehler machen und meinen, man könnte sofort "gegenan" essen. Wenn man nach obigem Beispiel geht, dann versorgt man den eigenen Körper bei gleicher Nahrungsaufnahme (bewusste Ernährung!) mit der gleichen Energie. Dieser braucht aber etwas mehr und die Bilanz steht vielleicht 99 zu 100: Ihr nehmt ab statt zu, weil eure (etwas) aufgebauten Muskeln mehr Energie benötigen, als ihr durch Nahrung aufnehmt.

Gebt eurem Körper eine Chance und er wird es euch danken.

Kinder Bier holen schicken geht nicht mehr

Als ich klein war, da war das noch so: Ich spielte draussen mit den anderen Kindern und irgendwann kam ein Nachbar und sagte: "Hier sind zwei Mark, hol mir mal Zigaretten!". Oder eben Bier vom Edeka um die Ecke. Bei den Fluppen lag man mit HB oder Lord oder Lux sowieso immer richtig und die Bierauswahl war auch nicht so gewaltig, als das man gross was hätte falsch machen können.

Heute, 35 Jahre später, hol ich immer noch Bier, aber diesmal für den Eigenverbrauch. Aber leichter wird es dadurch nicht. Eben ne Kiste Beck's oder Veltins schnappen und ab zur Kasse geht nicht mehr, das könnte fatal enden. Man will einfach nur ein Pils, doch im blödesten Fall hat man eine Kiste Alkoholfrei erwischt. Oder was mit irgend einer seltenen Südfrucht reingeschnibbelt. "Veltins V+ Curuba", was soll das denn für ein Bier sein?!? Mag ja sogar alles seine Daseinsberechtigung haben, aber ich glaube, das auch hier wieder mal die Marketing-Abteilung zuviel Budget bekommen hat. Oder sagen die sich gar: "Wenn es bunt ist und nicht so sehr nach Bier schmeckt, können wir mit der Zielgruppe, die das eigentlich noch gar nicht trinken soll, richtig viel Umsatz machen" (Das ist natürlich reine Spekulation von mir und durch nix bewiesen)...

Selbst wenn es das Jugendschutzgesetz nicht gäbe (welches ich durchaus befürworte!), hätte jedes mittelschlaue Kind es heute nicht einfach, mal eben seinem Papa/ Nachbarn/ älteren Bruder einen Gefallen zu tun. Vermutlich würde das so in der Art ablaufen:

Kind: "Ich soll Bier für meinen Papa holen, hier sind fünf Euro"
Bieronkel: "Ja gern, was darfs denn sein?"
Kind: "Papa trinkt gern Becks"
Bieronkel: "Ja gern, was darfs denn sein?"
Kind: "Hö watt?"
Bieronkel: "Nun mein Kleiner, vielleicht das neue Becks Lime? Ist im Angebot (mitderhandrüberwisch)"
Kind: "Nee, ich glaub nich mit Limone"
Bieronkel: "Mit Limone wäre das hier: (und fischt eine Flasche Becks Lemon aus der Ecke)"

Kind: "Ich glaub, Papa trinkt nix grünes, mehr so bierig-golden-farben"
Bieronkel: "Aaah, Becks Gold, hamwa da, is aba nich im Angebot"
Kind: "Hö watt?"
Bieronkel: "Oder vielleicht mal was neues aus der V+-Collection von Veltins?"
Kind: "(stammelt) aba ich weiss nich... mein Papa... ich soll doch nur Bier holen"
Bieronkel: "Was bist du denn für ein Kind, guckst du kein Fernsehen?"
(Kind rennt heulend nach hause)

Die anderen "grossen" Biersorten wie Jever oder Warsteiner stehen dem übrigens in nichts nach. Vermutlich kommen deren Marketing-Neulinge alle aus dem gleichen Hörsaal. Bei Krombacher ist es noch ganz übersichtlich, ausser, dass die ein Weizen anbieten. Aber das ist ein anderes Thema.... Es ist übrigens unmöglich, auf all' die Webseiten der Bierhersteller zu gelangen, wenn man noch keine 16 Jahre alt ist, man wird vorher nämlich gefragt und muss sein Geburtsdatum eingeben! Das ist echt clever...

„Was kalt nicht schmeckt, schmeckt warm auch nicht"
Netz-Fund, es ging um Bundeswehr-EPA-Essen

Bis dann

Gerade war ich beim Kiosk um die Ecke. Ich bin rein, hab geholt was ich wollte und wieder raus. Beim Rausgehen sagt der Kiosk-Heini wie immer „Bis dann…". Und auf einmal frag ich mich: Was meint der eigentlich damit? Bis dann? Bis wann denn? Hatten wir was ausgemacht? Ich kenne den guten Mann eigentlich nur vom Kiosk und dort bin ich auch sehr unregelmässig.
Natürlich ist das nur eine rhetorische Frage, die ich mir da selbst stelle. Aber dabei wird mir bewusst, wie viel Floskeln man so verwendet, die überhaupt keinen Sinn ergeben. Ich mache so was ja auch, keine Frage. Der Haken ist nur, dass offenbar einige Mitmenschen ihren Wortschatz überhaupt nur noch auf solche Floskeln reduziert haben. Kennt ihr diese Gespräche, wo ein Teil oft so klingt: „Er dann nur boah…. und ich dann…. Hammer!". Und diese Lücken, die hier durch Punkte dargestellt sind, die existieren wirklich. Da ist dann mal nix. Nicht mal eine Geste, die evtl. klarstellen könnte, was er denn nun gemacht haben könnte.
Oft bekomme ich solche Dinge bei recht jungen weiblichen Mitmenschen mit. Und nicht selten wird diese scheinbar spannende Geschichte begleitet durch weit aufgerissene Augen und auch mal vom Körper abgewandte weit gespreizte Hände. Evtl. wird der Gesprächspartner dabei noch schräg von der Seite angeschaut. Szenen, wie man sie immer wieder im TV sieht, wenn man mal so durchs Billig-Fernsehen zappt. Nach wie vor glaube ich ja, dass es in den vereinigten Staaten eine (vermutlich recht günstige) Schauspielschule gibt, wo man an ein, zwei Wochenenden "das wichtigste" beigebracht bekommt und wo massenweise im wahrsten Sinne des Wortes Seriendarsteller produziert werden. Und weiterhin glaube ich, dass nicht wenige junge Mädchen sich das endlos reinziehen und dabei von einer eigenen Schauspielkarriere träumen.
Ist ja auch einfach: Da muss man nicht jahrelang irgendeinen Scheiss lernen und vorm Boss kuschen sondern stellt sich eben vor die Kamera und spielt sein Ding und in den Pausen gibt man tolle Interviews und Autogramme. Kann ja nicht so schwer sein, machen ja viele. Genauso, wie viele Leute selbst ihr Wohnzimmer tapezieren, weil: kann ja nicht so

schwer sein. Und später muss man sich dann für Nachbarn und Familie eine Geschichte ausdenken, warum das so scheisse aussieht.

Ähm, wo war ich? Ach ja, Gespräche heutzutage. Ich nehme an, das alles ist auch der Grund, warum ich mich mit Smalltalk so schwer tue. Ich kann einfach nicht über irgendwas reden und immer "jo, jo, hehe, ja toll" von mir geben. Ich hab ja schon die Schnauze voll, wenn irgendein Kollege laut auf mich zukommt: "Na alter Schwede, wie steht er dir!". Und das soll dann nur die Begrüssung und vermutlich der geplante Anfang von verschwendeten Lebensminuten sein. Ich kürze das meist extrem ab, in dem ich freundlich nicke und weiter gehe. Hat ja eh' keinen Sinn: Liegt wohl an mir, denn ich sitze halt zu wenig vor dem Fernseher.

In diesem Sinne:"Bis später, Peter!"

Vom Mann, der auszog, um bei Lidl einzukaufen

Da gehe ich heute wieder in unseren Lidl, um die Dinge zu kaufen, die man im Alltag halt so braucht. Und was muss ich feststellen? Umgeräumt! Fast nichts steht mehr da, wo man es erwartet, wie man es kennt. Ausser die Kühltruhen natürlich. Aber auch da wäre ich nicht überrascht, wenn die Pizzen bald da liegen, wo sonst das Speiseeis war, welches man dann beim erwarteten TK-Gemüse findet.
Nun frag ich mich: Was soll der Scheiss? Haben die festgestellt, dass vorher alles doof sortiert war und nun, dem Kunden zuliebe, alles so hingestellt, wie es am besten ist? Das glaube ich nicht. Vielmehr nehme ich an, die wollen mich verarschen. Deren Wunsch ist, dass ich im Laden herumirre, um das zu finden, was ich immer kaufe und dabei Sachen entdecke, die ich nie kaufe. Und weil ich ein ungebildeter, manipulierbarer und unterwürfiger kleiner Scheisser bin, sage ich mir dann: "Oh, das kaufe ich aber mal!" und lasse mehr Geld in den Kassen von Lidl, als ich eigentlich geplant hatte.
Liebe Leute, das möchte ich als Kunde aber nicht. Ich will nicht verarscht werden und ich will meine Zeit nicht damit verschwenden, meinen benötigten Krempel wiederzufinden. Wenn ich von den vielen verlockenden Produktinformationen und pompös gestalteten Verkaufsregalen geblendet und verwöhnt werden will, dann gehe ich nach Famila, REWE und wie sie alle heissen. Aber meistens nehme ich gern in Kauf, dass die Ware in Kartons auf Paletten oder Regalen steht und von mir selbst da raus gepuhlt wird. (Unter anderem) dafür zahle ich dann auch etwas weniger.
Und ich möchte einen Aldi-Gutschein darauf wetten, dass die Idee der Umgestaltung nicht aus dem Ressort "Logistik" oder "Lagerhaltung" kommt, sondern vom "Marketing". Die sind ja extra dafür geschaffen worden, alles anders zu machen als die Vernunft es vorgibt. Und ich kann mir gut vorstellen, wie irgendwelche jungen dynamischen glattrasierten frisch von der Uni gekommenen gelackten Schnösel sich gegenseitig die Schulter klopfen, wie sie es wieder geschafft haben, den Umsatz anzukurbeln und "den blöden Kunden" das Geld aus der Tasche zu ziehen, ohne dass sie es merken.

Liebe Lidl-Chefs: Hört auf damit. Nicht nur, dass ihr auf Grund eurer Grösse und Marktposition eine Verantwortung gegenüber den Mitmenschen habt (ob ihr wollt oder nicht), ihr könntet auch mal Vorbild sein und den Kunden zum Partner machen statt zum Opfer. Nein, viel mehr gibt es eine ganzseitige Anzeige in der Tageszeitung, wenn die Milch mal wieder 2 Cent billiger wird. Wird sie aber 4 Cent teurer, dann steht nirgendwo: "Entschuldigung, ging nicht anders".

Wenn ihr Geld sparen wollt, dann reduziert die Marketing-Abteilung auf ein Minimum. Das ist sicher eine enorme Kostenstelle mit grandiosem Einsparpotential. Da reichen ein paar ältere, erfahrene Mitarbeiter, die dann und wann hier und da Verbraucherinformationen lancieren. Und auf einmal merken die Menschen, wie angenehm ruhig es in und um Lidl ist und wie entspannt man dort die Güter für den Alltagsbedarf erwerben kann. Da kann es sogar passieren, dass man vor lauter Entspanntheit mal ne teurere Flasche Wein oder ein vermeindliches Angebot kauft, einfach, weil man so zufrieden ist.

Ich blaffe stattdessen die nette Dame an der Kasse an, die mir das zum Glück nicht übel nimmt, weil sie mich schon lange kennt. Könnte sich aber auch mal ändern: Dass sie mich vergisst, weil ich schon so lange nicht mehr da war.

Jiji jojo lala

Da höre ich gerade mal wieder Radio und da spielen sie einen Titel von Aura Dione. Und die singt doch echt "Jiji jojo lala Geronimo", und das andauernd. Und eine kurze Recherche ergab, dass dieser Song in den Top Ten der "Deutschen Single Charts" platziert war. Unglaublich. Wollen die uns verarschen? Oder zumindest mich und ein paar andere? Ich kann mir gut vorstellen, wie das abgelaufen sein könnte:

Produzent: Wir brauchen mal wieder was tolles für diese Aurora Dings. Die muss dringend nen Song aufm Markt schmeissen, solange die Leute sich an den Namen erinnern.

Songwriter: Das ist nicht so einfach, wir müssen darauf achten, den richtigen Stil für sie zu treffen, und ausserdem heisst sie Aura Dione und…

Produzent: Quatsch nicht rum! Schreib was auf, danach gibst du das unserem Orgelheini da hinten und danach bügelt der Sounddesigner das schon glatt, mach hinne!

Songwriter: Nee, Chef, so arbeite ich nicht. Wir müssen uns da erst finden, ein paar Demos brainstormen, nur mit nem Piano und uns langsam rantasten. Wenn wir dann ihre richtige Stimmungslage treffen, dann bringt sie das auch gut rüber, und wir kriegen authentische Töne und Melodien, das könnte was werden…

Produzent: Hör mal, Naivling: Wir sind hier in der Musikindustrie und nicht bei irgendwelchen Folklore-Heinis am Sylter Strand bei Vollmond. Schreib irgendwas hin, was sich irgendwie reimt und um den Rest musst du dich nicht kümmern. Das machen andere Leute, die ihren Job auch bezahlt kriegen wollen.

Songwriter (schmollend empört): Ich kann doch nicht einfach ohne Sinn und Verstand "Jiji jojo lala lolo" usw aufschreiben und ihr nennt das dann Musik!

Produzent: Wollen wir wetten?

Der Rest ist Geschichte und im Radio zu hören…

Windows ist scheisse

Viele Leute, die mich kennen, hören von mir immer wieder mal die Aussage "Mann, Windows ist so scheisse!". Oft am Arbeitsplatz, da ich dort am häufigsten mit Windows arbeiten muss. Ich bin es nun mal seit langem gewohnt, zuhause produktiv an einem Mac zu arbeiten. An solch einem ist man mit den Dingen beschäftigt, die man halt gerade so machen will und nicht mit dem Rechner (bzw. dem Betriebssystem) selbst. Man kann richtig langeweile an einem Mac haben, weil einfach alles so ist wie es sein soll, nichts muss umkonfiguriert oder mit noch zu installierenden Tools nachgerüstet werden. Die konsequente Mausnutzung (oft im Zusammenspiel mit OSX-Funktionen, z.B. Expose oder dem Dashboard) schafft echt was und dennoch kann man gängige Dinge durch Tastaturkürzel erledigen. Selten aber muss man zwischen Maus und Keyboard hin und her wechseln. Und glaubt mir, ich bin durchaus ein Windows-erprobter Computerkenner. Aber ich wollte ja nicht über die Vorzüge von OS X schreiben sondern über Windows, wie es halt (default) ist.

Neulich kam ich in die Verlegenheit, Windows 7 neu zu installieren. Warum, das ist eine Geschichte für sich (OK, werde ich auch noch niederschreiben, dann bin ich es los). Es ist übrigens nicht Windows mit Bootcamp am iMac sondern ein eigenständiger Rechner. Den habe ich vorrangig, weil der irgendwann mal über war und damit meine Frau nicht meinen Rechner blockiert, wenn wir mal beide im Arbeitszimmer sitzen. Obwohl meine Frau viiieel lieber am Mac sitzt, auch wenn sie eigentlich die meisten Dinge im Browser macht, was zugegebenermassen mit jedem modernen OS gleichermassen funktioniert. Firefox gibt es für Win, Linux und Mac, andere Browser auch. Ich hab sie mal gefragt, warum sie denn am Mac sitzt, wo sie doch eigentlich fast einen eigenen Rechner hat. "Am Mac geht das irgendwie besser" war ihre Antwort, genauer wollte oder konnte sie das nicht sagen. Aber ich wollte ja nicht über die Vorzüge von…

OK, am Windows-PC spiele ich auch noch das ein oder andere Spiel, ist aber nicht viel: Enemy Territory, Trackmania, solche meist kostenlosen Dinger, die es eben vorrangig für Windows gibt. Jaaa, ET gibt es grundsätzlich auch für Mac, aber das benötigt meines Wissens noch eine PowerPC-CPU oder Rosetta, welches mit OS X 10.7 weggefallen ist und von Trackmania soll zumindest irgendwo ne Demo für Mac rumschwirren. Es gibt aber mittlerweile schon einiges an Spielen für den Mac, wahrscheinlich auch Dank des App Stores. Aber ich wollte ja nicht…

Scheinbar drücke ich mich davor, das zu schreiben, was ich eigentlich wollte. Ich komme irgendwie nicht zum wesentlichen Punkt. Reiner Selbstschutz, ich rege mich nur wieder auf und hab deswegen auch einiges wieder verdrängt. Schluss, ich will fertig werden und tipp das jetzt runter:

Die Installation von Windows 7 geht ja wirklich flott, nicht mehr mit so vielen Hürden wie noch zu Zeiten von XP. Irgendwann kommt dann der finale Neustart und man hat den fast leeren Desktop vor sich. Überraschenderweise in 800×600. Warum auch immer, meine ATI Radeon HD wurde nicht ansatzweise erkannt, das kenne ich von Win7 eigentlich anders. Oder waren es die Nvidia-Karten, die besser erkannt wurden? Egal, eben unter ati.de den neusten Treiber runterladen und gut ist. Ah, da war doch noch was! Wozu braucht man den Internet Explorer? Genau, um nen vernünftigen Browser runterzuladen. Und da fängt das Windows-Gehampel auch schon an, die erste Frage nach dem Start des IE: Irgend son PopUp, "Willkommen beim IE 8 bla bla". Gefühlte 100 Zeilen Text und ich sollte irgendwas anklicken und machen und tun. Ich will doch nur browsen und das noch nicht mal lange mit dem Ding! Also soll er später noch mal nachfragen. Aus Trotz ging ich nun schon direkt auf apple.de/safari, statt in der voreingestellten Bing-Suche nach Firefox download zu suchen. Ich fand es tief im innersten falsch, mit der MS-Suche nach einem Alternativ-Browser für den IE zu suchen. Seite lädt, Klick auf Download und dann die nächste Frage: Ausführen oder speichern?!?! Was soll das? Wird die Datei nicht gespeichert, wenn ich sie ausführe? Also speichern. Ja, eigentlich Quark, denn nach dem Download führt man die Datei dann doch aus. Aber dann soll er nicht fragen, verdammt noch mal. Ich klicke also doppelt auf die runtergeladene Datei und *pling* "Wollen sie diese Datei ausführen?" Und dazu zig Zeilen vermutlich hilfreich gemeinter Text, den kaum einer versteht. Ja klar will ich, hab ja nen Doppelklick gemacht. Vor langer Zeit schon habe ich gelernt, dass man dadurch eine Datei öffnen kann. Dann noch ein Hinweis, irgendein

Sicherheitskram, ja, OK, weiter, weiter, wo ist der "mir doch egal"-Button. Das Downloadfenster vom IE war auch noch, mittlerweile weit im Hintergrund, geöffnet, weil es sich Defaultmässig *nicht* schliesst. Und schon hatte ich den Safari installiert. Der meldete sich beim ersten Start relativ bescheiden, hat nur die voreingestellte Apple-Seite aufgemacht. Dort nun auf die ATI-Seite, Treiber gewählt, Download und dann Doppelklick *pling* "Wollen sie wirklich…". Schlau aber schon genervt wie ich bin, wollte ich dann diese User-ist-vielleicht-zu-doof-Abfrage ausschalten. In dem Dialog-Fenster ist ein Button, wo man zu den notwendigen Einstellungen kommt. Es öffnet sich ein neues kleines Fenster, ich ziehe den Regler runter auf "Nie" (Niieeemals wieder!), klicke auf OK und, na? Genau: "Wollen sie wirklich…"!?!?!? Das ist doch nicht deren Ernst! Egal, weiter...

Dazu penetrant ablenkend unten rechts in der Taskleiste Ballon-Tipps zu irgendwelchen Symbolen, die wohl allein nicht genug Aussagekraft haben und einem das Wartungscenter anpreisen, welches schon 10 Minuten nach Neuinstallation was zu meckern oder zu verbessern hatte. Dann kam noch die ATI-Installation, wo ich bei Installern immer, wenn es geht, "Benutzdefiniert" auswähle, weil ich nicht weiss, was die mir bei einer Express-Installation alles unterjubeln wollen. Apropos unterjubeln: Später im Verlauf wollte dann eine Webseite, dass ich Flash 8 installiere und bot mir gleich einen Download-Link an. Dort durfte ich dann Flash 11 (?!) runterladen. In Wirklichkeit lud ich aber nur eine Art Downloadmanager runter, welcher nach Start die notwendige Flash-Software und, ich staunte nicht schlecht, Google Chrome runtergeladen hat. Ohne, dass ich irgendwo danach gefragt wurde oder die Wahl hatte. Nettweise waren dort zwei Ladebalken, die mir zeigten, dass der Flash-Download samt Installation bald fertig war, Chrome aber noch eine Zeit brauchte. Und der wurde dann auch gleich installiert (keine Frage, ob ausführen oder speichern, har har). Was für ein arrogantes Gehabe! Ich kann Steve Jobs heute noch verstehen, weil er Flash nie auf dem iPhone haben wollte. Ich hab ja an sich nichts gegen Google Chrome, aber ich will mir das nicht einfach ungefragt unterschieben lassen. Frechheit, und gleich wieder deinstalliert. ATI wollte mir ausser ihrer eigenen Control-, Developer- und sonstigen seltsamen Sachen nichts unterjubeln. ABER, wohl aus Gemeinheit, weil ich die Expressinstallation nicht gewählt hatte, kam die Meldung: „Der Ordner blablubbati existiert nicht, soll er erstellt werden?" Und dann ja oder nein. So eine Saudumme Abfrage. Ich habe mir verkniffen, auf Nein zu klicken und dann war die Installation auch bald beendet.

Und Leute, da kann mir einer sagen was er will: Das alles ist der Grund, warum Windows nach wie vor so unsicher bzw. verlockend für Cybergesindel ist: Die ganzen so genannten Sicherheitsabfragen etc. sind zuviel des Guten und der angeblich hilfreiche Text dazu erklärt auch nicht, was los ist. Der "durchschnittliche" PC-Nutzer versteht doch gar nicht, was das alles soll und klickt immer (immmer!) brav OK und Weiter, bis er hat, was er eigentlich wollte. Und wenn man ihn später fragt, woher denn die ganzen Toolbars und Smilies, der komische Hintergrund und dieses und jenes Symbol herkommen und warum vielleicht die Festplatte so voll und der Rechner so träge ist, dann sagt der "nee, weiss nicht, ich hab nix gemacht". Und so haben es auch die Trojaner, Botnetze und Keylogger leicht, auf die ganzen Rechner zu kommen. Und machen es auch.

Nun habe ich über 1200 Wörter geschrieben, obwohl man eigentlich noch viel mehr schreiben könnte, es aber auch viel kürzer fassen kann: Windows ist so scheisse.

Warum Windows unschuldig war

Ich wollte ja noch erzählen, warum ich Windows überhaupt neu installiert habe. Die Story kann ich auch schnell runter tippen, aber mit dem Titel des Artikels hatte ich meine Probleme. Eigentlich müsste er lauten:
Wie es dazu kam, dass ich wieder feststellen musste, wie Scheisse Windows sein kann

Eines Abends hatte ich voll Bock auf eine Runde Trackmania (ein Autorennspiel). Die freie, kostenlose Version. Auch mit der kann man auf öffentlichen Servern bzw. Strecken mitfahren. Und wie ich so meine Runden drehe und immer besser werde und endlich mal eine Top-Zeit hingelegt habe, da…. *Plopp!*, beendet sich das Game wie von Geisterhand und ich sehe wieder den Desktop vor mir. Komisch, doof, ärgerlich. Aber weil das eigentlich sonst nie auftritt (Ja, Windows hat sich schon gemacht und läuft im Grunde stabil, wenn man nicht zu sehr dran rumbastelt) habe ich das einfach ignoriert und das Spiel neu gestartet. Lief auch eine ganze Weile, aber dann passierte es wieder. Und als dann Enemy Territory das gleiche Verhalten an den Tag legte, da wurde es ärgerlich. Immerhin kann es nicht an der Installation von Trackmania liegen. Ich überlegte, ob und was ich denn in letzter Zeit am System verändert hatte, weil er wirklich ewig lange fehlerfrei lief. Sogar mit recht langer Uptime von sicherlich 2 Wochen, weil ich den Rechner nicht runterfahre sondern ihn in den Ruhezustand gehen lasse. Nur die Windows-Updates sorgen immer wieder mal dafür, dass der PC neu gestartet werden muss. So ein Update hatte ich vor kurzem. Also Systemwiederherstellung auf den Punkt vor dem Update. Und gleich danach natürlich die automatischen Updates deaktiviert. Es änderte sich aber nichts am Verhalten des Rechners, es wurde sogar noch kurioser. Während ich diverse Einstellungen überprüfte und dabei ein Symbol mit rechts anklickte, um an die Eigenschaften zu kommen, da stürzte der Explorer ab. Den kann man ja neu starten, wenn er es nicht selber tut (Über einen der diversen Wege den Taskmanager starten, "Datei" -> "neuer Task" -> explorer.exe eingeben und öffnen). Die Selbsthilfeversuche von Windows brachten mich allesamt nicht weiter.

Ich kam auf die Idee, die Windows-Reperaturfunktion zu nutzen. Ich wusste nur nicht, wie. Online kam ich nun auch nur noch sporadisch und irgendwann hatte ich aus Versehen den Treiber für den WLAN-Stick deinstalliert. Alles kacke.

Obwohl eigentlich nichts wichtiges auf der Platte war, hing ich an der Installation. Im Laufe der Zeit hatten sich einige kleine Tools, Dateien und sonstige Dinge angesammelt, die ich sicher nicht so schnell wiederfinden würde. Aber da sagte ich mir "was du nicht kennst, das brauchst du auch nicht mehr" und beschloss, statt der Rumbastelei nun doch Windows neu zu installieren. Ich sicherte noch diverse Dinge aus den Trackmania-Verzeichnisssen (In der so genannten Bibliothek "Dokumente" befindet sich ein TM-Ordner, wo z.B. selbst erstellte Challenges gespeichert werden) und den ET-Ordner (die zusätzlichen Maps und mein Profil), dazu ein paar Bilder und Screenshots. Alles andere war mir schnuppe.

Nächste Hürde: Wo ist denn meine Win7-Installations-DVD? Ich konnte die nicht finden. Ich hatte noch ein gesichertes ISO-File… ach ja, das war auf der neulich abgerauchten externen Festplatte. Am nächsten Tag konnte ich meinen Sohn überreden, noch mal in seinem Zimmer zu suchen, weil ich noch wusste, das auch er vor einiger Zeit das System komplett neu gemacht hat. Und erfreulicherweise hat er meine gewünschte DVD auch gefunden. In den PC gelegt und los gehts… "Boot from CD" war auch voreingestellt und los ging der Installer. Dachte ich. Die DVD wurde erkannt, man hörte das rumschrubbeln, aber am Bildschirm tat sich nix. Ganz offensichtlich nicht lesbar. Am Laufwerk liegts nicht. Das weiss ich. Testweise in ein MacBook mit DVD-Brenner (Superdrive) geschoben: Auch nicht lesbar. Siehste. Glücklicherweise habe ich noch ein weiteren Rechner, dort konnte die DVD gelesen werden. ALSO: An diesem Rechner ein ISO-Image erstellt, per USB-Stick auf das Macbook übertragen und dort wieder über das Festplattendienstprogramm das Image auf eine neue DVD gebrannt. Experimente ala "von USB booten" wollte ich gar nicht erst anfangen. Gleich die klassische Methode. Abkürzen durch Umwege. Zum Glück bin ich Raucher.

In den PC gelegt und los gehts (hatten wir schon, ich weiss)… der Installer startete, lud ein paar Daten und zeigte mir etwas auf dem Bildschirm an: Er fand meine Festplatte und beherzt löschte ich die vorhandene Partition und erstellte eine neue. Wenn schon, denn schon. Nun war auf jeden Fall alles weg, selbst ein eventuell vorhandener Virus, der die Probleme hätte herbeiführen können (was ich nicht wirklich glaubte). Der Installer fing an, Dateien zu kopieren und der nächste Schritt war wohl, diese zu entpacken. Oder wars anders rum? Egal, dort ging es nicht weiter. Er hing laaange bei 0%, ging dann irgendwann weiter auf 43% und... hing. Ich hab einfach alles noch mal ausgemacht und von vorn angefangen. Leider keine grosse Änderung. Bis 43% ging er und das wars... mann mann mann. Dann dachte ich mir einfach so, weil ich nicht recht weiter wusste aber irgendwas machen wollte (jaha, ich bin ein alter, erfahrener PC-Experte): Vielleicht doch was an der Hardware? Oft ist es das Netzteil, wenn irgendwas nicht geht, aber grundsätzlich lief der Rechner ja. Ich baute kurzerhand die vier vorhandenen RAM-Module (4 x 1 GB) aus und baute zwei identische davon wieder ein. Das Folgende klingt kompliziert und langwierig, war aber nur ein Akt von wenigen Sekunden und soll deutlich machen, dass ich durchaus wusste, was ich tat: Beim Einbau achtete ich darauf, zum einen "von unten" zu bestücken, also die Module, die logisch oben waren, nicht zu verwenden (ich wollte eben das erste und zweite Gigabyte wieder einbauen, nicht das dritte und vierte), zum anderen steckte ich in jede Speicherbank nur ein Modul, also praktisch: Erster Platz gesteckt, der da neben leer, der nächste wieder gesteckt. So nutzt man den dualen Modus und der Rechner kann hin den Speicher effektiver nutzen.

Von da an lief die Neuinstallation wie geschmiert durch. Schnell und fehlerfrei. Ich hatte wieder eine frische, jungfräuliche Windows-Installation, die stabil lief.

Was im Umkehrschluss bedeutet: Hätte ich gleich als ersten Schritt mal testweise den Arbeitsspeicher zurück gebaut, hätte ich mir einiges erspart, inklusive dem am Anfang schon erwähnten Artikel über Windows und die Eigenarten... so hab ich wieder gut tausend Worte geschrieben und kann nur noch hoffen, das irgend ein Leser seinen Nutzen daraus ziehen kann.

„Wenn es kompliziert ist, ist es meistens falsch"
Ich auf der Arbeit

Disco-Pudding en masse

Wenn man sich mal vor ein Nachspeisen-Kühlregal im Supermarkt stellt, dann wird man schier erschlagen von der grossen Auswahl und Produktvielfalt. Es gibt Milchbasierende Desserts in jeder erdenklichen Herstellungsart in Kombination mit unzähligen Früchten, Knusperkram und sonstigen Leckereien: Sei es nun Joghurt mit Schokoflocken, Griesbrei mit Himbeeren, Schokopudding mit Sahne, reiner Fruchtmus, laktosefreie Dickmilch mit Sternfrucht, Dany plus Sahne (klingt wie ein Pornotitel), Frischkäse mit Bananengeschmack, Monster Backe, Biogurt mit Nüssen, Quark-Joghurt-Creme mit echter Vanille, Apfelzimt-Milchreis, Kefir mit nix, Pudding mit allem, in raffinierten, auffällig, edel oder blinkend aussehenden Verpackungen.
Aber es gibt keinen ganz normalen, schlichten und doch total leckeren Vanillepudding mit Erdbeeren. Ich dachte schon, ich würde das nur aufgrund der Vielfalt einfach übersehen und bin schon dezimeterweise mit abscannendem Blick am Regal entlang geschlichen, hab schon mal hinterlistig einen Kollegen, der in der Mittagspause einkaufen ging, gebeten, mir einen solchen mitzubringen: Nix zu machen.
Erdbeeren werden durchaus verarbeitet, Vanillepudding sowieso, doch die Kombination von beiden wird offenbar durch alle Dessertsteller boykottiert. Gibt es da eine geheime Abmachung? Ist diese Mischung zu schnöde, zu langweilig? Was aber soll dann besser an Griespudding mit Erdbeeren sein? Das gibt es nämlich. Oder hat die Marktforschung ergeben, solch ein Produkt würde wie Blei in den Regalen liegen, weil es unmodern ist? Daran kann es nicht liegen, denn es gibt durchaus Produkte, die mit Sprüchen "schmeckt wie bei Oma" etc. beworben werden.
Sollte es gar eine technische Unmöglichkeit sein, das beides dauerhaft haltbar und ansehnlich in einen Becher zu bekommen? Auch das kann ich mir nicht vorstellen, alles andere geht ja auch.

Wenn hier also eventuell ein Mitarbeiter von Danone, Ehrmann, MüllerMilch, Hansano und wie sie alle heissen mitliest:
Bitte bitte, klär mich auf! Noch besser wäre, die Produktabteilung aufzuklären und diese zu überreden, sich mal was "gaaanz neues" zu

trauen. Denn ich kann mir nicht vorstellen, dass ich der einzige bin, der diesen Wunsch hegt.
Und ja, meine Oma konnte den besten Vanillepudding mit Erdbeeren der Welt machen.

Was kostet denn heute die Milch?

Diesen Artikel schrieb ich seinerzeit, als ich darüber nachdachte, warum Tankstellen eigentlich Preisschilder haben, die jeden beliebigen Moment einen anderen Preis anzeigen können und was wäre, wenn das auch bei anderen Produkten Mode machen würde. Mittlerweile hat mich meine Vision fast eingeholt, denn neulich hörte ich von dynamischen Preisschildern, die zunächst bei hochpreisigen Produkten, z.b. Fernseher, verwendet werden sollen, um flexibel auf den Markt reagieren zu können. Puh....

***

Neulich, in vielleicht naher Zukunft vor einem beliebigen Supermarkt:
Hinz: Tach!
Kunz: Hey, Moin!
Hinz: Was kostet denn heute die Milch?
Kunz: Ach hör bloss auf, immer das gleiche vor den Feiertagen!
Hinz: Wieso, Brot und Eier auch gestiegen?
Kunz: Heute morgen soll es noch günstig gewesen sein, aber gegen 10 ist es auf einmal hoch gegangen…
Hinz: Kennt man doch: Montag ist alles wieder billig!
Kunz: Und keiner hat dann Zeit, einzukaufen!
Hinz: Das man da nichts gegen macht, dürfen die das denn überhaupt?
Kunz: Was soll man machen, seit dem sich dieses Tankstellen-Preisschildmodell überall durchgesetzt hat!
Hinz: Das ist echt eine Frechheit mit diesen neuen Preisschildern, man muss höllisch aufpassen, wann man zur Kasse geht…
Kunz: Ich werde wohl nachher erstmal nur eine kleine Packung Milch kaufen, 100ml sollten reichen.
Hinz: Die bieten jetzt auch ein Kombipack mit drei Scheiben Brot, zwei Eiern und der kleinen Milch, zum Sonderpreis.
Kunz: Ja, aber MHD eine Woche überschritten, ich weiss nicht…
Hinz: Seitdem diese komische Ministerin durchgesetzt hat, dass das nichts schlimmes sei, muss man wohl damit leben.
Kunz: Trotzdem ist die Bauernsteuer auf Brotbackautomaten und Backöfen echt ne Frechheit!

Hinz: Immerhin hab ich jetzt eine Flatrate für Nudeln und Konserven bei Mampfazon.
Kunz: Ich halte ja von den Trockeneiern etc. nix…
Hinz: Doooch, das geht gut für Zwischendurch und spart ne Menge Geld und Mühe!
Kunz: Apropos Mühe, ich muss jetzt los: will noch mit dem Fahrrad zum Stadtrand, da ist ein Gemüseladen, der hat noch die alten Preisschilder!
Hinz: Fahr doch mit dem Auto…
Kunz: Hahaha, der war gut! Wer fährt denn schon die paar Kilometer mit dem Auto, sone Benzin-Verschwendung!

Kichernd verabschieden sich die beiden und erledigen ihre Einkäufe.

Grösster anzunehmender Unfall

Folgenden Artikel schrieb ich nach dem schlimmen Vorfall in Fukushima, an den sich wohl jeder erinnert.

***

Die Abkürzung „GAU" dient als Bezeichnung für einen Störfall in Kernkraftwerken.
Nun habe ich mich mal näher mit den Erläuterungen zu einem GAU beschäftigt. Bisher nahm ich immer an, der GAU sei eben der "Größte Anzunehmende Unfall", was ja die Abkürzung auch genau aussagt. Also nichts ziemlich großes oder eines der größten, sondern das größte. Eine Steigerung gibt es hier nicht mehr, was schlimmeres kann nicht passieren (nimmt man an).
Gemeint ist aber was anderes, mit einem kleinen, wichtigen Unterschied:
Ein GAU ist der größte Unfall, für den die Sicherheitssysteme noch ausgelegt sein müssen, der bei der Planung einer kerntechnischen Anlage anzunehmen ist und dessen Beherrschbarkeit im Rahmen des Genehmigungsverfahrens nachzuweisen ist. (Wikipedia)

Salopp formuliert: "Leute, selbst wenn das schlimmste passieren sollte, was ihr euch ausdenken könnt: Wir habens im Griff!"
Und wenn nun doch mal was viel schlimmeres passiert, dann nennen die Experten das eben den Super-GAU, oder: "damit konnte nun wirklich keiner rechnen".
Nach dieser Logik kann aber in Japan kein Super-GAU in einem KKW nach einem Tsunami eintreten, denn so unwahrscheinlich sind Erd-/Seebeben in und um Japan ja nun nicht. Hier zitiere ich mal wieder die Wikipedia:
Japan musste aufgrund seiner geografischen Lage in den letzten tausend Jahren die meisten Todesopfer durch Tsunamis beklagen; in dieser Zeit starben über 160.000 Menschen.

Ergo müssen die Erbauer von Fukushima & Co. bei der Planung durchaus bedacht haben, dass ein Erdbeben und/oder ein Tsunami ihre AKWs während der Bauphase, Laufzeit und auch danach ernsthaft bedrohen kann. Und ein Kernkraftwerk ist mal nix, wo man mit einer gelassenen, entspannten Lebensweise weiterkommt ("Ach, das wird schon").

Genau das werfe ich denen vor: Nach Simulation, Berechnung und Erfahrung hätte man vor dem Bau der Kraftwerke eigentlich zu dem Schluss kommen müssen, dass das echt mal keine gute Idee ist, an jener Stelle ein Atomkraftwerk in dieser Bauweise hinzustellen. Aber mit Sicherheit hat man sich gedacht: "Was sollen wir machen, wir brauchen den Strom und da wir kaum eigene Ressourcen (Kohle, Öl…) haben ist dieser Atomstrom schon eine feine Idee. Nehmen wir halt an, dass die kommenden Tsunamis nicht so groß sein werden, dass unsere Gebäude ernsthaft in Gefahr kämen usw usf."

Nun haben wir den Salat. Eine Lösung für das eigentliche Dilemma habe ich aber auch nicht. Ich glaube aber, dass es wirklich Zeit wird, dass die Länder dieser Erde mal (politisch) enger zusammenrücken und ihre kleinen Geplänkel sein lassen, um die echten Probleme zu lösen. So nach und nach geht es einigen Diktatoren ja an den Kragen, das ist wenigstens ein kleiner Schritt in die richtige Richtung.

Der normale Mensch (=Erdenbürger) will doch einfach nur leben.

Fleisch ist Fleisch

Oft, wenn ich Musik vom Schlage eines Micky Krause, DJ Ötzi, Peter Wackel etc. höre, dann rege ich mich auf, weil die sich "trauen", mit solch simplen und recht Geistlosen Dingen Musiktitel zu produzieren und damit Geld zu verdienen (was ja scheinbar klappt, man muss wohl nur Hemmungslos genug sein). Und genauso oft gebe ich mir dann selbst die Antwort, bevor es ein anderer sagt: "Mach es doch selber, wenn es so einfach ist". Nun weiss ich nicht, ob es Stolz ist, oder eben nur Faulheit, dass ich das nicht einfach mache. Oder ich hab den Mund zu voll genommen und kann es selbst gar nicht? Ist es doch nicht so einfach, simple Dinge in Textform zu packen und kernig rüberzubringen? Was ich weiss ist: Häufig werden bekannte Melodien genommen, leicht verfremdet und dort neue Texte dazu komponiert und gesungen. Und quer über alle Volksfeste, Partys und Urlaubsorte werden die dann rauf und runter gespielt.

Wie auch immer, jetzt hab ich mich hingesetzt, eine halbe Stunde überlegt (viel länger hat das echt nicht gedauert) und herausgekommen ist ein Songtext, der meiner Meinung nach durchaus in die Riegen der oben genannten Interpreten passt. Als Grundmelodie wurde der Titel "Life is Life" von Opus genommen, kennt wohl jeder? Ich habe mir übrigens nicht die Mühe gemacht und geschaut, ob es dergleichen schon gibt. Wollte mich ja nicht beeinflussen lassen...

Im gleichen Atemzug möchte ich aber ausdrücken, dass ich Vegetarier durchaus respektiere (bei Veganern bin ich mir nicht ganz sicher). Dieser Titel ist absolut Scherzhaft gedacht und geht davon aus, dass man alles nicht so eng sehen sollte. Weiterhin möchte ich mich von jeder Tierquälerischen Aktion deutlich distanzieren (das alles soll jetzt aber auch nicht Basis einer Diskussion werden).

Egal, haben wir einfach mal Spass (hoffe ich) und legen los:

> Nana na nana
> Nana na nana
> Alle zusammen!
> Nana na nana

Fleisch
Fleisch ist Fleisch
labadab dab dab Fleisch
Flaha-heisch

Wir alle brauchen Power
und lassen keinen Rest
jede Minute unsrer Mahlzeit
gefällt uns allerbest
Ob direkt von nem Bauer
oder aufm Schützenfest
Wenn jeder seinen Braten hat
oder nur ne Scheibe Wurst

Es ist Fleisch! (nana na nana)
Fleisch ist Fleisch (nana na nana)
Fleisch ist Fleisch (nana na nana)
Labadab dab Fleisch

Was kann es bessres geben
Als Mett reinzuhauen
Fleisch ist unser Leben
Und Schnitzel wolln wir kau'n
dann haben wir die volle Kraft
also ran an den Speck
das man so was leckeres schafft
wir essen alles weg

Es ist Fleisch! (nana na nana)
Fleisch ist Fleisch (nana na nana)
Fleisch ist Fleisch (nana na nana)
Labadab dab Fleisch

Fleisch ist Fleisch (nana na nana)
Es ist Fleisch! (nana na nana)
Fleisch ist Fleisch (nana na nana)
Fleisch ist Fleisch (nana na nana)

Labadab dab Fleisch

Nein wir lassen nichts über
Stark wollen wir sein
kriegen auch kein Fieber
und alles dank dem Schwein
Nichts ist uns lieber
und danken jedem Tier
Wenn jeder seine Bratwurst hat
und dazu ein schönes Bier
Fleisch ist Fleisch!

der Grünkohlsong

Als ich Anfang des Jahres "Fleisch ist Fleisch" zusammentextete, da war die Idee nicht weit für ein Grünkohllied, welches auf Kohlfahrten etc. gedüdelt werden könnte. Irgendwie gibt es da noch nichts passendes. Bei der letzten Kohlfahrt wurde als, naja, Titelsong "Da wird die Sau geschlacht" von Klaus&Klaus gespielt, das passte aber nicht ganz perfekt aufs Thema. So hab ich nun meinen eigenen Text noch etwas umgedichtet und hier ist er (die Melodie ist wie gehabt "Live is Live"):

Nana na nana
Nana na nana
Alle zusammen!
Nana na nana
Nana na nana

Kohl! (Nana na nana)
Kohl ist Kohl (Nana na nana)
labadab dab dab Kohl (Nana na nana)
Grü-hün-kohl (Nana na nana)

Wir alle brauchen Pinkel
und lassen keinen Rest
jede Minute unsrer Mahlzeit
gefällt uns allerbest
Ob direkt von der Mutter
oder aufm Kohlfahrtfest
Wenn jeder seinen Grünkohl hat
dann werden wir gemäst'

Und jeder ruuuft:
Es ist Kohl! (nana na nana)
Kohl ist Kohl (nana na nana)
Grün ist Kohl (nana na nana)
Labadab dab Kohl

Es ist Kohl! (nana na nana)
Kohl ist Kohl (nana na nana)
Grün ist Kohl (nana na nana)
Labadab dab Kohl

Was kann es bessres geben
Als Kochwurst reinzuhauen
Kohl ist unser Leben
Und Kassler wolln wir kau'n
dann haben wir die volle Kraft
also ran an den Speck
das man so was leckeres schafft
wir essen alles weg

Es ist Kohl! (nana na nana)
Kohl ist Kohl (nana na nana)
Grün ist Kohl (nana na nana)
Labadab dab Kohl
Grü-hün-kohl (nana na nana)
Es ist Kohl! (nana na nana)
Kohl ist Kohl (nana na nana)
Grün ist Kohl (nana na nana)
Labadab dab Kohl

Nein wir lassen nichts über
Stark wollen wir sein
werden auch gern König
und alles dank dem Schwein
Nichts ist uns lieber
und danken jedem hier

Wenn jeder seinen Grünkohl hat
und dazu ein schönes Bier
Und jeder ruuuft:
Kohl ist Kohl!

„Senf macht dumm"
Volks- und Familienweisheit

Nicht öfters

Liebe Leute: Wie schon mal erwähnt und wie man sicher auch beim Lesen meiner Seiten merkt, bin ich sicher keiner, der 100% fehlerfreies Deutsch hinlegt. Doch einige Dinge regen mich wirklich auf, z.B.:
Öfter als öfter ist fast immer, sehr häufig oder vielleicht sogar immer, aber in keinem Fall "öfters".
Was soll das für eine Steigerung sein? Öfter als oft, aber nicht öfter als sehr oft? Die eigentliche Steigerung von "oft" zu "öfter" ist an sich ja schon bedenklich, aber ich will ja nicht kleinlich sein… wobei "öfter" ein echt doofes Wort ist, wenn man es öfter verwendet und immer wieder lesen muss… hm.
Mein Tipp: Öfter mal bescheiden bleiben, dann muss man auch nix unnötig steigern!

Richtig die Biege machen

Ich konnte in den letzten Ta..., Wo... äh Monaten mit dem Auto unterwegs einige interessante Beobachtungen machen, die mich darauf schliessen lassen, dass sich in den letzten 25 Jahren, seit ich meinen Führerschein gemacht habe, doch einiges in den Verkehrsregeln geändert haben muss. Dank meiner Feststellungen konnte ich die neusten Erkenntnisse bzgl. des korrekten Verhaltens beim Abbiegen nun für euch hier niederschreiben.

Die 10 goldenen Regeln für richtiges Abbiegen im Strassenverkehr:
1. Betätige den Blinker erst, wenn du dir gaaanz sicher bist, dass du gleich unmittelbar abbiegen willst. Ein zu frühes Anzeigen verwirrt andere nur.

2. Immer erst bremsen, dann blinken, damit der nachfolgende Verkehr sich nicht in trügerischer Sicherheit wiegt.

3. Wenn du aus oder in eine(r) Stichstrasse links abbiegen willst, dann stelle dich dennoch möglichst weit rechts hin, damit sich kein Halunke dazwischen quetschen kann!

4. Wenn du irgendwo rechts einbiegen willst, dann hole vorher möglichst viel Schwung, in dem du bis auf die Gegenfahrbahn ausholst, egal, wie klein dein Fahrzeug ist.

5. Um am Strassenrand anzuhalten ist weder bremsen noch blinken notwendig. Es reicht, das Fahrzeug langsam ausrollen zu lassen. Immer auf genügend Abstand zum Bürgersteig achten!

6. Wenn du irgendwo eine dir fremde Einfahrt suchst, dann fahre möglichst langsam und mittig auf der Fahrbahn, um beide Strassenseiten gleichermassen im Auge zu haben.

7. Gelegentliche Schlenker, Bremser und erneutes Beschleunigen sind dabei vom folgenden Verkehr vorauszuahnen.

8. Du musst nie darauf achten, ob dein Blinker nach der Nutzung noch an ist oder nicht. Die automatische Abschaltung muss selbständig funktionieren.

9. Auf der Autobahn reicht zur Anzeige eines Überholvorganges das einmalige Aufleuchten des Blinkers vollkommen aus, auch bei 200 Sachen oder mit 85 km/h hinter einem LKW.

10. Bewegst du dich auf einem dieser modernen Roller/Scooter, so ist die Verwendung des Fahrtrichtunganzeigers absolut freiwillig und muss in keinem Fall deine Absichten bzgl. der geplanten Fahrtrichtung anzeigen

Wenn ihr all diese Punkte beherzigt, dann verhaltet ihr euch wie ein Grossteil der Verkehrsteilnehmer (die vor mir her fahren). Und da wir in einem demokratischen Land leben, muss das dann wohl richtig sein. Und solltet ihr jemanden begegnen, der das evtl. gerade falsch macht, dürft ihr den auf jeden Fall anhupen.

Ich sag da nix zu

Neulich, beim Einkaufen an der Kasse, konnte/musste ich ein Gespräch von zwei Personen vor mir in der Schlange mit anhören. Da ist mir gleich was aufgefallen: Unabhängig vom eigentlichen Thema der Unterhaltung benutzen viiieeele Menschen die Redewendung "Ich sach da nix zu". Tun sie aber doch. Die meisten Gespräche laufen anscheinend so wie an der Kasse ab:

> Und dann hat die gesagt, dass der gesagt hätte, Dings hat gesehen wie sie bei dort dies und jenes machen wollte, (Stimme wird gesenkt) aber er stand da nur und machte blablubb. (Künstliche Pause, dann laut:) Ich sag da ja nix zu! (Künstliche Pause) Ich *will* da auch gar nichts zu sagen. (etwas längere künstliche Pause) Aber eines sag ich: Wenn ich sie wäre und er der andere, während wir hier und da dies und jenes machen, dann würde ich aber… also mit mir nicht. Dem würde ich aber die Meinung sagen und zum sonstwo schicken, weil so geht das ja nicht, Hammer, und er tut so als ob…

usw usf. Die Leute sagen, dass sie nichts dazu sagen und reden dennoch wie verrückt über wasauchimmer. Eigentlich noch schlimmer ist, dass es sich hier um einen Monolog handelt und der "Gesprächspartner" wenn überhaupt mit "aktivem Zuhören" reagiert: Aha, ja sowas, ach nee, kenn ich. Und wenn die künstliche Pause einen Tick zu lang wird, dann schlägt der jeweilige „Gesprächspartner" zu und lässt *seinen* Monolog ab. Entweder zum gleichen Thema oder man schwenkt mehr oder weniger geschickt auf eigene „wichtige" Dinge um. Die meisten Menschen hören wohl gar nicht mehr zu sondern lassen den anderen nur reden und warten, bis sie selber zum Zug kommen.
Das kann natürlich daran liegen, dass das meiste, was so geredet wird, total unwichtig ist und eigentlich keinen interessiert, inklusive den aktuellen Gesprächspartner.

Ich sag da ja nix zu.

Holt mich hier raus

"Eigentlich". Das hört man in letzer Zeit immer mehr, "Eigentlich gucke ich Dschungelcamp ja gar nicht, aber…", solche und ähnliche Sätze klingen von allen Seiten herüber.

Und ich arme Sau bin genau dazwischen und möchte von dem ganzen Mist gar nichs mitkriegen. Mich interessiert nicht, wer da drin ist und warum und was die da machen und lassen und und und. Ist mir echt Scheissegal. Lieber lese ich die Zeitung von letzter Woche, als mir so einen Käse an zu tun (dabei sollte ich erwähnen, dass ich das meiste im Fernsehen als Mist empfinde).

Leider kann man seine Ohren nich so schliessen wie seine Augen und so bekommt man immer wieder ungewünschte Gesprächsfetzen mit. Und was mich dabei am meisten aufregt: Die offensichtliche Volksverarschung (u.a.) beim Dschungelcamp. Schlimmer ist nur, das mich scheinbar keiner versteht. Deswegen versuche ich hier noch mal, den Widerspruch, den keinen stört, hier niederzuschreiben:

Der Titel der Sendung "Ich bin ein Star – holt mich hier raus" sagt ja an sich folgendes Konzept aus:
Im Dschungelcamp ist es schlimm und doof und ekelig usw. Und wenn nun von jemanden der Lieblingsstar dort drin ist, dann will man nicht, dass er das mitmachen muss. Man will dafür sorgen, dass "sein Star" da möglichst schnell wieder rauskommt (scheinbar gibt es ja auch eine Abstimmung für die Zuschauer). Das bedeutet wiederum, wer dort als erstes rauskommt ist DER Star, alle anderen können dort verrotten. Sendung vorbei, alles prima.

Aber offenbar ist es so, dass die Idioten und Loser und Ungeliebten zuerst rausfliegen und wer bis zum Ende drin bleibt ist der Dschungelkönig? Hallo? Dann müsste die Sendung doch heissen: "Ich bin ein Star – ich mach jeden Scheiss mit".

Kann natürlich auch sein, dass ich alles falsch verstanden habe und es "in Wirklichkeit" gaaaaanz anders ist. Ist mir aber eigentlich auch Scheissegal.

Mein Wort zum Sonntag:
Leute, schaltet die Glotze aus oder wählt zumindest mal einen anderen Kanal. Ich empfehle Arte, N-TV und oft ist auch auf einem der regionalen Sendeanstalten des ARD was Interessantes zu sehen. Und wenn das nicht geht, dann unterhaltet euch wenigstens nicht in der Öffentlichkeit so laut über den Unfug, mit dem ihr eure Freizeit verschwendet und euer Hirn verblödet.

Weltherrschaft

Neulich bekam ich mit, wie eine Kollegin eher nach Hause ging, "wegen Bauer sucht Frau", wie eine weitere Kollegin sagte.

Wenn ich ein total durchgeknallter aber genau so genialer Wissenschaftler wäre, der die Weltherrschaft an sich reissen will oder aus anderen Gründen die Menschheit bedrohen oder gefährden wollte, oder ich wäre die Evolution und suche einen Bazillus, der die Menschheit reduzieren und die Welt für sich erobern will, ich würde folgendes tun: Einen Virus entwickeln, der sich verbreitet wie ein Schnupfen bzw. eine Grippe. Einfach jeder kann das kriegen. Nach einer ausreichend langen Inkubationszeit von vielleicht drei, vier Monaten fängt der Befallene an, sich unwohl zu fühlen, wenn er bunte, bewegte rechteckige Bilder, die nicht grösser als eine Tür sind, länger als ein paar Minuten betrachtet. Linderung gibt es, wenn man sich abwechselnde, aber ruhige Buchstaben in sinnvollen Kombinationen betrachtet. Irgendwann, wenn es doch zu viele bunte Bilderchen geworden sind, dann befällt den Patienten der Wahn, innerhalb von 30 Sekunden einen einfachen Dreisatz zu lösen. Schafft er das nicht, fällt er tot um.

Muhahaha-haaaaaa! Ich höre schon die ganzen "Hä watt?" und Plumpse und die Stille danach (äh, die Stille höre ich natürlich nicht, ihr wisst schon…). In späteren Mutationen des Viruses werden die Aufgaben schwerer oder variieren gar: Welche ist die Hauptstadt des Landes, in dem du dich meistens aufhältst? Wie heisst das Regierungsoberhaupt? Wie berechnet man die Fläche eines Kreises? Wer schrieb Moby Dick? Warum sind viele Pflanzen grün? Was kann man tun, wenn man nicht schlafen kann? Warum ist der Himmel blau? Sind "einzigste" und "öfters" sinnvolle Steigerungen? Wieviele Permutationen gibt es bei der Kombination von fünf unterschiedlichen Objekten ohne Wiederholung? (ups, das schaffe ich gerade auch nicht in 30 Sekunden… Fakultät von 5 wäre die Lösung: 5!=120)

Antworten wie "ich hab noch gar nichts gegessen", "Die Karre ist fast bezahlt und fährt locker 200 Sachen" oder "Wenn ich will, kann ich jede haben" bzw. "Ich treibs doch nicht mit jedem" so wie "ich sag da ja nichts zu" führen sofort dazu, dass man zwanghaft ein Mannsgrosses Loch graben will und erst tot umfällt, wenn das fertig ist. Richtige Antworten lassen einen durchatmen, aber das Unwohlsein lässt so schnell nicht nach. Immer wieder mal gibt es Gedankenschübe, Fragen im Kopf, die beantwortet werden wollen. Nach einiger Zeit merken die Befallenen, dass es ihnen viel besser geht, wenn sie diesen Fragen nachgehen, sich Wissen aneignen, Dinge und Aussagen anzweifeln oder hinterfragen.

Dann würde es den verbliebenen Menschen auf der Erde vermutlich ähnlich gehen wir mir jetzt schon die ganze Zeit. Nicht das ich mich für übermässig gebildet halte, aber... es gäbe irgendwann, nachdem es erst viel ruhiger auf der Erde wird, wieder viel mehr anregende Unterhaltungen, Gespräche bekämen Tiefe und Nachhaltigkeit und nichts würde einfach so geglaubt.

Damit hätte ich zwar nicht die Weltherrschaft, aber dann bräuchte ich die auch gar nicht mehr...

    Achja: Muuuhahahaahaaahaaaa-haaa!
    (Ich hab gehört, das macht geniale Kriminelle mit
        Weltherrschaftsgelüsten so)

Leergutautomaten

Heute stand ich wieder vor einem Leergut-Automaten und wartetete, bis er bereit war, mein Leergut anzunehmen. Ich musste die Bierkiste zweimal raus und wieder reinschieben, bis es ihm genehm war. Richtig abenteuerlich wird es mit von Kälte verknitterten PET-Flaschen und halb abgelösten Etiketten.

Verdammte Apparate!

Bevor diese Maschinen die Weltherrschaft über das Pfandsystem übernahmen, da waren es noch meist Ex-Häftlinge, die dankbar und vermutlich unterbezahlt aber ohne Meckern die gesammelten Pfandflaschen entgegen nahmen und einem dafür Bargeld statt eines Thermodruckerzettelchens in die Hand drückten. Na gut, die Summe stimmte nicht immer, war aber meist einem Rechenfehler und keinen kriminellen Hintergedanken zuzuschreiben. Doch so kam man mit dem netten Herrn mit den billigen Tätowierungen am Körper mal ins Gespräch und dieser freute sich, einen Weg zurück in die Gesellschaft gefunden zu haben.

Heute? Die blöden Maschinen piepen, tuten und blinken, wenn die irgendwas nicht begreifen und selbst wenn sie funktionieren, dann klingt im matschig-schmatzenden Rotieren der kleinen Förderbänder der nie endende Durst vergangener Saufgelage aus den flüssigen Resten der eingeworfenen Bierflaschen, welche sich dann in die Mechanik ergossen und alles verklebend bis zur nächsten Wartung diese einzigartige Geräuschkulisse produzieren. Nicht notwendig zu erwähnen, dass es dann aus dem Maschinenschlund genau so riecht, wie man sich den Atem eines Lippenstiftverschmierten Mundes einer zu lange im Dienst tätigen Barfrau vorstellt.

Neulich kam ich zur Rush-Hour an zwei solche Apparate, wo sich an beiden schon eine Schlange von wartenden Menschen gebildet hatte. Jeweils vorn am Automaten waren zwei mit Uuuunmengen an Leergut dran, der eine in gelben Säcken, der andere hatte einfach den

Einkaufswagen voll gekippt. Um uns die Zeit zu vertreiben kam ich mit dem vor mir Wartenden ins Gespräch und wir versuchten zu erraten, wer von den beiden wohl schneller fertig wird. Seine Vermutung: „Der Typ links; vernünftige Klamotten, schnelles, Zielstrebiges Handeln, der macht das Rennen!"
Ich darauf hin: „Neinnein, der mit der abgerubbelten Cordhose, dem zu engen Karohemd, der ist der Profi. Greift ohne zu gucken in seine Beutel, schmeisst die Flaschen schon nach, bevor die erste ganz weg ist, der kennt sich aus!"
Darauf argumentierte mein Gesprächspartner: „Schau dir doch meinen an, das ist ein Business-Typ, der hat nie Zeit, der muss weiter!"
Das wusste ich ganz gelassen zu kontern: „Ja, genau: Der hat zwei nervige Töchter daheim, die nur Cola light trinken, dazu eine Ehefrau, die ihn nötigt, Getränke zu holen, weil doch nachher noch Besuch kommt und nimm eben das Leergut mit und während er ungeschickt die blöden Flaschen aus dem blöden Wagen fischt denkt der die ganze Zeit an den letzten Anschiss von seinem Chef und ärgert sich, hier so niedere Arbeiten zu machen aber besser als zuhause das Gekeife zu ertragen".
Das gab ihm zu denken, doch noch bevor er anerkennend nicken konnte, unterbrach uns das Düdeln des Automaten bei meinem Kandidaten, weil ihm irgend eine Flasche wieder mal nicht schmeckte. So wurde der faire Vergleich unterbrochen. Immerhin war es nicht langweilig.

Richtig Autofahren im Winter

Du bist der beste Autofahrer. Du bist der einzige, der bei diesen widrigen winterlichen Bedingungen sein Fahrzeug sicher beherrscht. Du trägst allein die Mitverantwortung für all die anderen Verkehrsteilnehmer, die unsicher über die Verkehrswege eiern. Alle anderen sollten sich deiner (Verkehrs-)Führung unterordnen.

Folgende Punkte solltest du beachten, um zum Leittier im Winterstrassenverkehr zu werden:

1. Fahre immer so, dass keiner an dir vorbeikommt.

2. Hast du ein Fahrzeug vor dir, dann fahre sehr dicht auf, um zu zeigen, dass diese Schleicherei nun wirklich übertrieben ist.

3. Die Regeln zur Berechnung des korrekten Abstandes gelten im Winter nicht, da doch alle rumrutschen.

4. Schnee isoliert. Verzichte also auf grossflächige Entfernung von Schnee auf deinem Fahrzeug.

5. Wenn die Scheinwerfer voller Schnee sind, gibt das ein schönes, gedämpftes Licht. Lass es so.

6. Wer bei dem Wetter mit dem Zweirad unterwegs ist, muss verrückt sein und verdient keine weitere Beachtung.

7. Da Fussgänger einen kürzeren Bremsweg haben, können die besser an Zebrastreifen warten, statt dass Autos mühsam zum halten gebracht werden müssen.

7b. Alle Fussgänger wissen das.

8. Auf dem Parkplatz gelten bei Schnee sämtliche Regeln nicht mehr, die den Rest des Jahres gelten. Parke wo und wie du willst.

8b. Im Winter darf man Einfahrten zuparken.

9. Wer dich überholt, der fährt zu schnell. Sobald er vorbei ist solltest du ihn langanhaltend mit Fernlicht anstrahlen, um ihn auf sein Fehlverhalten aufmerksam zu machen.

10. Fahre immer mit möglichst leerem Tank, um leichter zu bleiben und nicht im Schnee zu versinken. Einen Stau oder längere Wartezeiten wird es im Winter nicht geben.

Buckeln vor der modernen Technik

Ich bin bestimmt nicht der erste, dem das auffällt und genau so bestimmt nicht der erste, der das irgendwie seltsam findet: Mittlerweile ist es ein allgegenwärtiges Bild, dass Leute, leicht gebuckelt, den Kopf nach unten gebeugt, auf ihre Handfläche starren, bzw. auf das in der Hand befindliche Smartphone. Und das nicht nur, wenn sie allein sind und gerade Gelegenheit dazu haben: Nein, immer, permanent bei jeder sich bietenden Möglichkeit wird diese moderne Huldigung ausgeübt. Besonders unhöflich finde ich es ja, wenn man sich mit jemandem unterhält, und der einfach mitten im Gespräch den Dialog unterbricht, um einen Blick auf sein Display zu werfen. Und noch unhöflicher, wenn die Person dann noch anfängt, drauf rum zu tippen.

Gut, Höflichkeit ist nicht jedermanns Sache, aber was zum Teufel ist denn da immer soooo wichtig, dass man das mitkriegen und ggf. unmittelbar beantworten muss? Ich kann es ja noch verstehen, wenn ein Manager, Bauleiter, Kaufmann usw. dringende Momente haben kann, aber was ist mit dem 99,9%igen Rest des Volkes? Kann das nicht eben warten, bis man allein damit ist oder keinen damit stört? Denn mich stört es, weil ich dann den Eindruck habe, dass meine Anwesenheit in diesen Momenten allerhöchstens geduldet wird. Bin ich zu Eitel? Bin ich zu unwichtig, weil ich das nicht genau so mache? Oder ist der Alltag einfach nicht spannend genug, so dass all die Menschen sich begierig auf Abwechslung stürzen? Oder bin ich schlicht altmodisch und es gibt immmmmer Dinge, die ich gerade erfahren müsste, wenn ich die Informationen nur an mich ran liesse?
Und aber betrifft das ja nicht nur mich als Opfer, nein: Überall kann man sehen, wie die Leute ihr iPhone oder ihr Android-Gerät anbeten, während sie eigentlich was anderes machen, sogar beim Fahrradfahren.

Was haben die Leute nur vor 2007 gemacht, bevor Apple das iPhone rausbrachte, welches noch von vielen belächelt wurde? "Son Quatsch, wer braucht denn sowas" und ähnliche Sprüche kamen von Personen, die heute selbst beim Scheissen ihr multifunktionales Mobilfunkgerät dabei haben (müssen). Und ich möchte betonen, dass ich absoluter iPhone-Fan bin: Ich habe seit 2008 eines, und es war und ist das Handy, das ich immer haben wollte. Von mir aus kann mein iPhone 4S ewig halten, weil es genau das kann und macht, was ich mir immer so vorgestellt habe, aber es muss deswegen ja nicht der Mittelpunkt meines Lebens werden.

Man kann sich ja gar nicht mehr mit Menschen unterhalten, irgend ein Thema mit offenen Fragen anschneiden, ohne das nicht gleich einer aus der Runde "eben googelt" und dann ungefragt Fakten raushaut. Die nicht immer den Kern der Sache treffen (man hört ja nicht zu). Ausserdem: Selber denken macht schlau. Aber schlau sein scheint ja aus der Mode gekommen zu sein, seit dem man auch so alles "wissen" kann.

Du hast das Spiel nicht verstanden

Manchmal stelle ich im Freundes- oder Kollegenkreis Fragen wie „haben Haie eigentlich Gräten?" oder „in welche Richtung zeigt ein Wetterhahn?" oder „essen Veganer eigentlich Honig?" oder was zunächst oberflächliches wie „lauten alle Antworten auf Fragen zu Game of Thrones korrekterweise auch *Hodor*?" und weil alle dieses „Spiel" von mir kennen, wird dann drüber nachgedacht, Informationen ausgetauscht, geredet und vielleicht irgendwann ein gemeinsames Fazit gezogen.

Und ab und zu ist jemand in der Runde neu dabei, der eigentlich nur mit halboffenem Mund der Frage und den Herleitungen lauscht und irgendwann mehr oder weniger unauffällig sein Handy zückt oder am Rechner rumtippert. Und wenn derjenige meint, den richtigen Moment erwischt zu haben, dann mischt er sich ein, sagt so was wie „ich hab mal schnell geguckt, die Antwort ist soundso".

Dabei werde ich dann als Fragesteller angeschaut, als wenn ich ein Lob ob der flotten Belehrung und Lösung aussprechen sollte. Ich aber sage dann in solchen Fällen (mit bewusst trockenem Tonfall): "Du hast das Spiel nicht verstanden". Und weil dann gleich nach einem langem Gesicht zu einer übereilten Antwort ausgeholt wird, setze ich als Erklärung nach: "…ohne googlen!".

Was mir sehr gefällt: Immer öfter in der Runde weist einer der Anwesenden (die das alles schon kennen) schon vor mir Andere genau darauf hin, wenn bemerkt wird, dass die wegen der Frage im Netz stöbern wollen: „Nee, pack das Handy weg, ohne googlen!" und ich mag diese wunderbare Wandlung der Neulinge, wenn sie wieder selber anfangen zu denken. Dabei entstehen die tollsten Gesprächsrunden und Diskussionen und eigentlich ist es gar nicht wichtig, ob die korrekte Antwort dabei gefunden wird. Oft stellt sich nämlich raus, dass die meisten mehr Wissen in ihrem Kopf haben, als sie sich selbst zutrauen und so ganz nebenbei entstehen Gespräche, wo es mal nicht darum geht „Hast du gestern (irgend nen Kack im Fernsehen) gesehen?"

Haie sind übrigens Knorpelfische, haben also keine Gräten, aber auch kein so beeindruckendes Skelett wie z.B. Wale aber noch wesentlich mehr Knochen als Neunaugen, die trotz des Aalähnlichen Aussehens eigentlich gar keine Fische sind, nur fischähnlich (aber trotzdem mal Fisch des Jahres 2012 waren).

Eben schnell was drucken

Auch diesen Beitrag schrub ich mal aus aktuellem Anlass. Ich habe ihn nun etwas gekürzt, weil technische Details und Preise hier fehl am Platze wären.

***

Ihr kennt das sicher auch: Man hat sich irgendwann mal einen relativ guten aber günstigen Drucker gekauft und der kann mit seinen vier Farbpatronen neben knackig schwarzem Text auch echt gestochen scharfe schön farbige Fotos ausdrucken. Weil, das braucht man ja: Sicher kommt der Tag, wo man der Omma ein nettes Bild vom Enkel schenken will oder man druckt eben hübsche Einladungen für die nächste Party -sei es nun ein Kindergeburtstag, eine Tupperparty oder die nächste Kohlfahrt- oder man will gar eben schnell eine Bewerbung für eine tolle Stelle ausdrucken.

Leider wird aber die Realität von Murphys Gesetzen bestimmt und Murphy ist ein Arschloch:

1. In zwei von zehn Fällen wird an dem Abend, wenn man diesen Farbausdruck braucht, eine der vier Farbpatronen leer sein

2. und alle Geschäfte schon zu.

3. In sieben von zehn Fällen wird vermutlich die Druckerpatrone nur eingetrocknet sein und der Drucker fährt sein Düsenreinigungsprogramm.

4. Man fängt an, Frau und Kinder zu beschimpfen, weil die warten und man das "eben schnell" zugesagt hat.

5. Frau und Kinder geben gut gemeinte Tipps, die einen weiter zur Weissglut bringen, weil "die keine Ahnung" haben.

6. Nun tritt vermutlich wieder Punkt 1 in Kraft, da der Drucker durch die Reinigung mindestens eine Farbe leer gerubbelt hat

7. Vielleicht behauptet der Druckertreiber auch nur, dass die Farbe leer sei, obwohl man ganz sicher erst eine frische Patrone eingesetzt hat.

8. In einem von zehn Fällen ist dann das Papier alle

9. oder der Drucker hat das Papier gefressen.

Nicht erwähnen will ich die Fälle, wo man aus eigener Schusseligkeit falsches/ doofes Papier eingelegt oder den USB-Stecker nicht eingesteckt hat.
Ich habe nun die Lösung für mich, meine neue Gelassenheit und den Familienfrieden gefunden: Einen Laserdrucker, der als Farbe nur Schwarz drucken kann (Schwarzweiss kann der nicht, aber dafür nehme ich weisses Papier). Und diese Farbe besteht nicht aus Tinte sondern aus Toner. Toner ist im Grunde schwarzes Pulver. Dementsprechend ist er nicht flüssig, kann also nicht mehr eintrocknen und damit können die Hauptfehlerbilder im Zusammenhang mit so genannten Tintenstrahldruckern gar nicht erst auftreten.
Hier mal am Rande was Wissenswertes für den ein oder anderen: Tintenstrahldrucker sind eigentlich die Dinger, die z.B. auf Eiern oder auf Getränkedosen das Haltbarkeitsdatum drucken, oder besser "pusten". Man kann es prima an den einzeln erkennbaren Punkten sehen. Technisch wird ein (kontinuierlicher) Tintenstrahl auf den zu druckenden Punkt umgelenkt (z.B. durch Luftdruck). Die im allgemeinen Sprachgebrauch gemeinten Tintenstrahler sind technisch eher "Tintenpunktkleckser".
Irgendwann hatte ich also keine Lust mehr, mich mit dem Gelumpe rumzuschlagen und stellte für mich fest, dass ich zum einen extrem selten drucke und ich zum anderen viel weniger Partys als früher veranstalte. Und wenn ich mal ein digitales Foto als "analogen" Abzug brauche, dann bediene ich mich den diversen Diensten, die mir meine Bilder in guter Fotoqualität und zu akzeptablen Preisen in sehr kurzer Zeit nach Hause schicken. Hier muss ich mir nur angewöhnen, dass mir das eben nicht unbedingt erst am Abend vorher sondern schon etwas eher einfällt. Das schult so nebenbei auch das persönliche Zeitmanagement…

Komischerweise bieten viele Druckerhersteller eine riesige Palette von verschiedenen Modellen an, die sich in ihrer technischen Ausstattung so gut wie gar nicht unterscheiden. Die Namen der Modelle differieren oft nur in einer Ziffer und wenn man die Produktbeschreibungen liest, dann sind die alle total toll.

Egal: Einen ausgewählt, bestellt und er wurde geliefert. Dann fragt mich mein Mac: „Soll der Treiber für diesen Drucker runtergeladen werden?" Das durfte er und fertig war es: Wirklich nur wenige Minuten für die Inbetriebnahme. Die vorinstallierte Tonerkartusche soll ja nur halbe Füllmenge haben, also "nur" für ca. 700 Seiten. Selbst wenn ich jeden Tag zwei Seiten drucke, reicht das also mindestens ein Jahr. Und ich hab die letzten zwei Wochen mit Mühe drei Seiten ausdrucken müssen.

Sollte der Toner in ferner Zukunft mal leer sein, dann vermutlich auf einem Sonntagmorgen.

„So war der Plan…"
Aus dem Film
Harley Davidson & The Marlboro Man

Und es war Sonntag

Erstaunlicherweise ist es nun doch 20 Monate her, dass ich mir einen neuen Drucker holte und prophezeite, der mitgelieferte Toner hält wohl ungefähr ein Jahr. Aber immerhin war es wie erwartet ein Sonntag, als dieser bescheidene Vorrat zu Ende ging.
OK, angekündigt hatte es sich schon Tage vorher, weil immer wieder die Status-LED rot blinkte. Laut Handbuch, welches ich natürlich nicht mehr (gefunden) habe, bedeutet das rote Blinken entweder einen kleinen Fehler, der gerade automatisch repariert wird oder ein drohendes Toner-Aus. Aber man konnte den Drucker einfach kurz aus- und wieder einschalten, dann war wieder alles grün und fein.
Samstag half auch das nicht mehr, aber drucken ging noch. Und dann kam eben der Sonntag. Erstaunlich ist eigentlich, dass ich die letzten Tage überhaupt so viel drucken musste. Aber da ja der Drucker über den iMac im ganzen lokalen Netzwerk erreichbar ist, druckt natürlich auch meine Frau so manches aus. Soll sie, denn nun werde ich eine Refill-Toner-Kartusche kaufen, welche angeblich bis zu 2500 Seiten schafft. Gemessen an der ersten, die für bis zu 700 Ausdrucke gut sein sollte, könnte diese zweite vielleicht schon die letzte für den Drucker sein, denn nach guten altem überschlagenen Dreisatz wird die Neue über 70 Monate reichen, das sind knapp sechs Jahre. Und ich glaub, so alt ist kaum ein Drucker bei mir geworden.

Das Leiden der Promis

Ich möchte kein "Promi" sein.
Es ist schon schlimm, was man so in den "Nachrichten" über die Promis erfahren muss. Das schlimmste für mich: Ich kenne die meisten gar nicht. Warum sind die prominent?
Tatsache ist: Sind die gar nicht. Ich hab mir das mal näher angeschaut und weiss nun: „Promi" steht nicht für „prominente Menschen, die etwas besonderes geleistet haben und deswegen einen erhöhten Bekanntheitsgrad haben" sondern Promis sind eine neue Gattung von Menschentypen, die die mediale Aufmerksamkeit geweckt haben und deswegen öfter als andere Mitmenschen in den Medien präsentiert werden.
Dazu müssen die gar nichts herausragendes geleistet haben. Oft reichen schon Titten, die die Welt mal sehen darf oder publizierter Geschlechtsverkehr mit einem, der in der Promi-Rangliste schon höher steht. Es soll sogar Individuen geben, die wegen der vollständigen Abwesenheit von irgend einer Art von Talent "prominent" geworden sind.
Was machten solche Leute eigentlich ohne Fernsehen, Presse und Internet-Portalen?

Sexismus-Debatte

Folgendes hatte ich spontan niedergeschrieben, als publik gemacht wurde, dass der Rainer Brüderle wohl mal einer Journalistin (ein Jahr zuvor!) einen sexistischen Spruch zuwarf (*"Sie können ein Dirndl auch ausfüllen."* Mannmann.) und darauf hin in den Medien tagelang darüber geredet wurde:

***

Ich fühle mich berufen, mal was zur aktuellen Debatte bzgl. "Sexismus" zu schreiben. Es scheint nämlich so, als wenn viele gar nicht mehr genau wissen, worum es eigentlich geht. Zunächst: Was ist Sexismus? Dazu habe ich mal wieder die Wikipedia bemüht:
Unter Sexismus versteht man die soziale Konstruktion von sexuellen Unterschieden zwischen Menschen und die daraus abgeleiteten Normen und Handlungsweisen.
Da steht noch einiges mehr, was diesen Satz näher erklärt, aber im Wesentlichen war es das. Das eigentliche Problem ist, dass dieser Begriff absolut negativ behaftet ist. Dabei geht es hier um den Kern des Daseins: Die Vermehrung.
Der Mensch kann sich noch so sehr weiter entwickeln und zivilisieren, tief im Inneren bleiben unsere Instinkte. Und das ist gut so. Zur Vermehrung braucht es die Balz, das Werben und manchmal auch dicke Hose für die richtige Wahl des Partners. Schaut man mal auf das Tier im Allgemeinen, dann geht es darum, dass sich nur die Besten zur Vermehrung zusammen finden. Eine Ricke will keinen dürren, humpelnden Bock mit schiefen Gehörn für ihre Kitze, denn diese sollen in der harten Natur überleben können und dazu braucht man gute Voraussetzungen. Selbst Insekten, die nun wirklich instinktbasiert funktionieren, veranstalten einen erheblichen Aufwand zur Wahl des besten Partners. Kennt ihr den Film Idiocracy? Der Film selbst ist so Lala, aber die ersten fünf Minuten schildern anschaulich, worum es geht.
Geht doch mal abends in eine Kneipe, in eine Disco, Bar oder sonstigen Plätzen, wo Menschen zusammen kommen und schaut euch die Leute und deren Verhalten an... Oder habt ihr Männer schon mal Frauen beobachtet, die sich "fertig machen" zum Ausgehen? Dem Wetter

passende Kleidung und Frisuren sind da absolut zweitrangig! Da wird geföhnt und gepinselt, Klamotten vor dem Spiegel gedreht und kombiniert, um die eigenen Vorteile deutlich hervorzuheben oder gar vorzugaukeln. Warum wurde wohl der PushUp-BH erfunden? Ähnlich bei (oft jungen) Männern, die auch bei bitterster Kälte im T-Shirt rumstehen um zu zeigen, was für hammerharte Kerle sie sind. Hauptsache, die Haare liegen und man riecht gut. Das soll natürlich die Weibchen beeindrucken und letztendlich die Bereitschaft zum Beischlaf erhöhen.

Natürlich gibt es bei den Männchen immer wieder plumpe Exemplare, welche die Feinheiten der menschlichen Entwicklung verpasst haben und glauben, mit "Öi, schicke Titten, Perle!" noch nen Stich machen zu können. Ebenso gibt es auch menschliche Weibchen, die den schmalen Grat zwischen "mann, sieht die gut aus" und "ziemlich nuttig" nicht exakt treffen bzw. (unbewusst) überschreiten. Eigentlich unerwünschte Reaktionen von Männchen nach oben beschriebenen Beispiel sind dann nicht auszuschliessen und quasi auch in Kauf zu nehmen. Hier hilft dann feminine Schlag-fertigkeit als regulierende Gegenreaktion.... oder aber eben die weibliche Akzeptanz des Angebotes vom balzenden Männchen, weil dessen Reaktion doch nicht so unerwünscht ist.

Und in dem Zusammenhang kann die von der jungen Journalistin erwähnte Aussage vom Rainer Brüderle natürlich etwas ungünstig formuliert und platziert gewesen sein. In solchen Fällen sollten sich beide einfach ihren Teil denken und das Leben weiterleben. Und wer weiss: Hätte man in dieser Situation den Brüderle durch, z.B., Till Schweiger ersetzt, wäre das dann genauso gelaufen? Oder darf der das etwa?

Wir wissen doch alle, dass Männer und Frauen unterschiedlich sind und das ist auch gut so. In diesem Sinne ist Sexismus nichts, worüber man reden muss sondern natürliche Tatsache. Und auch Politiker und sonstige Persönlichkeiten des öffentlichen Interesses sind davor nicht gefeit. Sind ja auch nur Menschen.

Sex ist nicht nur grundsätzlicher Bestandteil unseres Daseins, es ist der Grund, warum wir alle überhaupt existieren! Man kann natürlich erwarten, dass heutzutage keiner sein Leben nur auf die sexistische Ebene reduziert. Andersrum ist es aber für die meisten wohl unmöglich, diesen Teil komplett auszublenden. Denn Darwin hatte nun mal recht.

Django zahlt heute nicht

Dank Quentin Tarantino ist Django wieder in aller Munde. Ich selbst kann mich nicht erinnern, das Original (mit Franco Nero) jemals gesehen zu haben. Aber das ist ja einer der Filme, die man irgendwie auch so kennt. Das erste mal in "Berührung" mit Django kam ich vor locker 30 Jahren, als mein Onkel einen Django-Witz erzählte. Uralte Nummer, kennt bestimmt jeder und ich hab ihn damals nicht verstanden. Heute hab ich diesen alten Joke einem Kollegen quasi nebenbei erzählt, weil wir irgendwie gerade beim Thema waren. Und der hat sich schlapp gelacht. Den kannte er wohl noch nicht. Und damit ich das nicht jedem einzeln erzählen muss: Hier kommt er für alle, auch auf die Gefahr hin, einige fürchterlich zu langweilen, weil der Witz wirklich wirklich schon so alt ist (Man muss sich den Part von Django natürlich mit dunkler, monotoner Stimme vorstellen).

Ein Bus hält an der Haltestelle. Django steigt ein und sagt zum Fahrer: "Django zahlt heute nicht!"
Der Fahrer zuckt erschrocken zusammen und winkt ihn nach hinten durch.
Am nächsten Tag das gleiche Spiel: Der Bus hält an, Django steigt ein und sagt "Django zahlt heute nicht!"
So geht das einige Tage, bis der Fahrer sich sagt: Django hin oder her, der kann hier doch nicht einfach schwarzfahren! Tags darauf steht Django wieder vor dem Fahrer und sagt "Django zahlt heute nicht!"
Der Fahrer fragt: "Aber hör mal, das geht doch nicht, warum denn nicht?"
Django: "Django hat eine Monatskarte!"

Deko

Ob damals, im Neandertal, die Frauen auch schon anfingen, irgendwelche Dinge (z.B. ein hübsches Geweih vom letzten Mittagessen) in die Höhlen-Ecke zu stellen, nur „damit das da nicht so leer aussieht" oder „so als Hingucker"? Und der alte, buckelige Steinzeitmann kommt erschöpft von der Mammutjagd heim und keift sein Weibchen an, sie solle mal aufräumen und sie faucht zurück „nee, lass das so, nicht anfassen, das ist **Deko!**"?

Vermutlich nicht. Aber wann fing das an, dass eigentlich offensichtliche Alltagsgebrauchsgegenstände zu Stilmitteln umfunktioniert und nicht mehr herkömmlich verwendet werden durften? Die Ritterburgen des Mittelalters, die wir von Film und Fernsehen kennen, sind ja auch nicht gerade als schmucke Stuben zu bezeichnen. Aber vielleicht war es zu der Zeit, dass ein schwer beschäftigter Adliger, im Kopf nur Ehre und Krieg, seine liebste Ehefrau, welche ihm ständig in den Ohren lag, er solle mal „was schönes" von den Kreuzzügen mitbringen und ihm mehr als notwendig die Zeit mit ihren Reden stahl, seinem Schreiner befahl, einen Raum extra für sie herzurichten? Irgendeine Kammer, mit einer dicken Tür davor und grossen Lichtspendern in den Wänden („Oh Schatz, bodentiefe Fenster, wie toooll") und weil Frauen immer frieren, nahe am Kamin.

So ging sie schmollend mit ihrer Zofe in den vom Schreiner (ihrer Ansicht nach) grob zusammengehauenen Raum und sah sich um, wie man dieses schreckliche Loch nur etwas wohnlicher kriegte. Und während der Herr im zugigen Thronsaal unter schummrigem Fackellicht dabei war, Pläne auszubrüten, die das Familienansehen für Jahrhunderte sichern sollten, wurden im Raum hinter ihm Blumen gewoben und Zweige geflochten, Kleidungsstücke und Trinkhörner an die Wand gehängt, zerbeulte Helme zu Vasen und Harnische zu Setzkästen umfunktioniert.

Die nächste besuchende Baronin sah sich den prächtigen Raum mit trockener Mine an, brachte noch einen netten, aber eigentlich herablassenden Spruch („Was duuu immer für Ideen hast") und reiste wieder auf die eigene Burg. Dort bekam der Herr Baron mächtig Wind

von vorn, ich kürze mal ab: „…und deswegen brauche ich sofort einen eigenen extra Raum, und zwar schon mal gelb vorgestrichen!".
Und damit begann der offiziell nie verkündete Deko-Wettstreit, der bis heute nicht beendet ist.

So war es vermutlich auch nicht. Aber ich bin mir sicher, irgendwo zwischen Höhle und Burg fing es so ganz langsam an.

Ein Kollege (Herr P. aus O., genannt M. Atze), der dabei ist, mit seiner Freundin zusammenzuziehen, bekam folgenden guten Tipp mit auf den Weg: Wenn er mal vor hat, für einen gemütlichen Abend eine Kerze anzuzünden, dann solle er sich vorher auf jeden Fall vergewissern, welche der Kerzen er denn dafür verwenden darf. Denn: Nicht jede Kerze steht an ihrem Platz, um als Beleuchtungsmittel parat zu sein. Ich behaupte sogar: Die oberallermeisten Kerzen dienen ausschliesslich der Deko!
Und das ist beileibe nicht meine alleinige persönliche Ansicht, ich wurde durchaus von Kollegen bestätigt. Selbst bei der wildesten Rockerbraut wird das Deko-Gen aktiv, sobald sie in vier Wänden landet, die sie als ihr Heim ansieht.

Naja, ehrlich gesagt sieht das meiste ja ganz nett und wohnlich aus, wie die meisten Männer das nie hinbekommen würden (wollen / könnten).

Ich brauche ein T-Shirt

Folgendes schrieb ich zu Beginn eines neuen Jahres, welches eigentlich schon einige Zeit fortgeschritten war...
***
Ich brauche ein T-Shirt mit einem speziellen Aufdruck:
„Jaja, ein frohes neues, ich weiss"

Es ist doch jedes Jahr dasselbe: Nach dem Jahreswechsel kehrt man zurück zur Normalität mit Arbeiten, einkaufen, tanken, essen, usw usf. Und üüüberall kommt sofort ein "Frohes neues….!" daher gerufen. Was die ersten ein, zwei Tage noch nett und angemessen ist, finde ich schon am dritten Tage nervig und übertrieben.

Und dann kommen nach zig Wochen noch die Kollegen, die irgendwie einen Großteil ihres Jahrurlaubs im Januar verbrachten und wenn schon fast die ersten Krokusse spriessen schallt immer noch ein "frohes neues…!" durch die Luft. Oder der Schornsteinfeger, den man sowieso nur einmal im Jahr sieht oder die Nachbarn des Bruders der Schwiegereltern oder oder oder.

Man kann es echt übertreiben. Ihr wisst sicher, was ich meine.

Verkehr im Nebel

Aus aktuellem Anlass muss ich mal eben was loswerden.
Sonntag morgen fuhr ich recht früh durch die Gegend und es war zwischendurch auch mal recht nebelig. Und dabei fallen mir immer wieder Verkehrsteilnehmer auf, die beim geringsten Dunst die Nebelschlussleuchte einschalten. Erstaunlich ist hier schon, dass der zugehörige Schalter offenbar sofort gefunden wird, aber für das spätere Ausschalten scheinbar verschwunden ist. Noch Tage nach nebeligen Wetterphasen sieht man diverse grell heckleuchtende Kleinwagen durch die Gegend fahren.
Ob diese Verkehrsteilnehmer wohl während der Fahrt darüber grübeln, was diese plötzlich gelb scheinende Kontrollleuchte eigentlich bedeutet, die sonst nie "an" ist?

Was vielen eindeutig nicht bewusst ist: Wer mit eingeschalteter Nebelschlussleuchte fährt, darf bei korrekter Anwendung der StVO maximal 50 Km/h fahren. Also nix mit „Oh, da ist ne dunstige Stelle, ich schalt mal besser die Leuchte an, weil ich glaub das muss so"!

Und warum ist das so? Ganz einfach:
Laut StVO §17 (Beleuchtung), Punkt 3 gilt folgendes:
Nebelschlußleuchten dürfen nur dann benutzt werden, wenn durch Nebel die Sichtweite weniger als 50 m beträgt.
Und StVO §3 (Geschwindigkeit) sagt aus:
Beträgt die Sichtweite durch Nebel, Schneefall oder Regen weniger als 50 m, so darf er nicht schneller als 50 km/h fahren.

So bedingt eben der eine Paragraph den anderen und wer die Nebelschlussleuchte bei Regen oder Schnee einschaltet und beispielsweise auf der Landstrasse "nur" um die 70 Sachen fährt macht gleich mehrere Fehler auf einmal.
Dann lieber diese Leuchte auslassen, denn die Nutzung ist nicht zwingend vorgeschrieben. Ausserdem ist diese Leuchte (sie soll ja dicken Nebel durchdringen und andere so darauf hinweisen, dass sich ein Fahrzeug vor einem befindet, welches man sonst vermutlich

übersehen würde) technisch bedingt bis zu 50mal heller als die Standardrückleuchten. Wenn also dieses Licht quasi ungefiltert abstrahlen kann, dann besteht durchaus die Gefahr, dass andere geblendet werden und dadurch einen Unfall verursachen. Das will man ja auch nicht.

Zippo macht es richtig

Wer ein Zippo-Feuerzeug hat und auch regelmässig verwendet, der weiss, was er hat. Ich bin seit 30 Jahren Raucher (puh) und jeder der raucht oder mit Rauchern "rumsteht", der weiss, dass ein funktionierendes Feuerzeug leider nicht immer selbstverständlich ist. Normalerweise haben die meisten immer ein Einwegfeuerzeug in Verwendung und wenn das anfängt, seinen Geist aufzugeben, dann ist derjenige betroffene Raucher einige Zeit in Verlegenheit und auch oft am fluchen, bis er ein neues Feuerzeug hat. Das fand ich schon vor 25 Jahren scheisse, aber nie kam ich auf die Idee, es mit einem Zippo zu versuchen. Ich wusste ja nicht, was ich heute weiss. Von irgendeinem Mallorca-Urlaub Ende der 80er Jahre brachte ich eines von diesen nachgemachten Zippos mit nach hause. Diese Nachgemachten sind natürlich nicht so genial wie das Original, aber das war mir damals nicht bewusst. Mit Erfahrung weiss man, dass das Blech etwas dünner ist, hier und da nicht so präzise gearbeitet und und und. Ein Zippo erkennt man am Klang während der Nutzung: Satt, sicher und zuverlässig wie die Fahrertür eines Mercedes W123. Und wenn man sich einmal an den leichten Benzinduft gewöhnt hat, dann fängt ein Gasfeuerzeug an zu stinken.

Vor etlichen Jahren hat mir dann meine Frau ein klassisches Zippo zum Hochzeitstag geschenkt, mit dem Bild meines Sternzeichens drauf. Und von da an habe ich das täglich benutzt. Ich musste noch nie den Docht erneuern, hab aber schon einige Feuersteine durch. Der Feuersteinwechsel geht ohne Werkzeug und "eben schnell" (Tipp: Immer einen Feuerstein unter den Filz im Inlet klemmen, dann hat man Ersatz). Und ich hab sicher schon einige Benzinflaschen durch, aber weniger, als man glaubt.

Und vor einigen Wochen wollte mein Zippo nicht mehr so recht. Es funktionierte grundsätzlich tadellos, aber der Deckel schloss nicht mehr vollständig und irgendwie klapperte es immer ein wenig. Ich habe dann an dem Blechstreifen im Deckel rumgebogen, aber vergeblich, denn nach genauer Inspektion und Vergleich mit einem Nachbau-Zippo aus der Schublade sah ich: Der kleine Hebel, der für den Halt des Deckels da ist, der war schlicht verschlissen. Eine Ecke war regelrecht

weggeschliffen. Dadurch konnte die Mechanik nicht mehr korrekt funktionieren. Aber da war doch was mit lebenslanger Garantie auf Zippo-Feuerzeuge? Oder war das nur eine Legende? Wieder mal half mir die Wikipedia weiter:
Blaisdell war von der Zuverlässigkeit derart überzeugt, dass er den Kunden eine lebenslange Garantie auf sein Produkt gewährte. Der Werbeslogan „Es funktioniert oder wir reparieren es kostenlos" wurde zum Synonym für die Zuverlässigkeit des Produktes. Notwendige Reparaturen werden auch heute noch in der Zippo-eigenen Werkstatt kostenlos erledigt.
Ich war mir nicht sicher, ob Verschleiss dadurch auch abgedeckt war und ob eine Reparatur möglich war, denn ich war mir schon bewusst: Ich hatte mein Zippo dermassen oft verwendet, dass sich der Hebel eben abgerieben hat. So was kann nicht ewig halten. Was gebraucht wird, das wird auch verbraucht. Aber da ich mein Zippo so nicht weiter verwenden konnte packte ich es in ein Stück Luftpolsterfolie, schrieb einen kleinen (Handgeschriebenen!) Zettel mit einer groben Fehlerbeschreibung und Rücksende-Adresse und verschickte alles in dem Wissen, dass es durchaus 8 Wochen dauern kann, bis falls und wenn ich es überhaupt zurück erhalte, an diese Adresse:

Zippo European Repair Clinic
Groendahlscher Weg 87
46446 Emmerich am Rhein
Germany

Im dümmsten Fall ist das alles ein Scherz und irgend jemand in Emmerich am Rhein lacht sich schlapp, weil er täglich dutzende von Zippos zugeschickt bekommt. Oder es klappt und ich bekomme mein geliebtes Feuerzeug zurück.
Ich bekam es heute zurück, nach vielleicht vier Wochen: In einer kleinen Luftpolstertasche war meine "Hülle", dabei mein ursprüngliches Inlet und in meiner Hülle steckte ein vollkommen neues Inlet, mit neuem Docht, Feuerstein und unbetankt. Obwohl ich insgeheim schon vorher wusste, das alles gut wird war ich doch begeistert. Hätte man mir mitgeteilt, dass dieser Verschleiss leider nicht

durch die Garantie abgedeckt wäre, dann hätte ich das so akzeptiert. Aber nein, es kann auch mal einfach alles schön sein Danke, Zippo! Denn ihr lebt ein Gesetz des Marktes, welches so simpel ist, das kaum einer es wahrnimmt, und ich gönne euch den Erfolg damit:

Es gibt auf der Welt fast nichts, was man nicht ein wenig schlechter machen und billiger verkaufen könnte. Wer nur auf den Preis achtet, wird zu Recht Beute solcher Geschäftspraktiken. Es ist unklug, zuviel zu bezahlen, aber es ist auch unklug zu wenig zu bezahlen. Zahlt man zuviel, verliert man ein bisschen Geld, mehr nicht. Zahlt man zu wenig, verliert man manchmal alles, weil der gekaufte Artikel seinen Zweck nicht erfüllt. Die Marktgesetze verbieten es, dass man für wenig Geld viel Leistung erhält. Das ist unmöglich! Kauft man vom billigsten Anbieter, muss man für den Ärger etwas Geld zurücklegen. Und wenn man das tut, hat man auch genug Geld, um etwas Besseres zu kaufen!
(John Ruskin, 1819-1900)

„Wer sehr jung ist tut nicht immer das, was ihm gesagt wird"
Einer der Nox in Stargate-SG1, 432 Jahre alt

Jeder kann Millionär werden 1

Wirklich: Jeder einzelne Mensch hat die Möglichkeit, abertausende Euros anzuhäufen. Geld ist genug da auf der Welt, daran scheitert es nicht. Natürlich wird es nicht klappen, wenn wirklich jeder es nun plötzlich gleichzeitig ernsthaft versucht. Aber davon brauchen wir getrost nicht auszugehen.
Im Gegenteil: Je mehr es erfolglos versuchen, desto höher sind die Chancen der anderen (also das potentielle "wir"), man muss sie nur erkennen und wahrnehmen können (das ist schon das eigentliche Geheimnis). Es sind auch keine kriminellen Machenschaften notwendig. Wir reden von Handel, Strebsamkeit und Verdienst. Was man hauptsächlich dafür benötigt:

1. den vollständigen Willen, das Ziel zu erreichen
2. den absoluten Ehrgeiz, sich das notwendige Wissen (je nach "Branche") anzueignen
3. man darf sich nicht mit Dingen beschäftigen, die nicht zum Ziel führen oder gar sinnlos Zeit verplempern
4. Gegebenenfalls Dinge tun, die man eigentlich nicht tun würde (früh aufstehen?)
5. möglichst wenig Sentimentalität
6. im besten Fall eine wirklich gute Idee

Letzteres ist hilfreich, aber nicht notwendig. Die Hersteller von so simplen Dingen wie Klopapier oder Plastikgabeln werden bei ihren Produkten nicht draufzahlen, sondern immer noch verdienen. Die Masse machts. Dieser Weg ist natürlich unter Umständen mühsam, genauso, wie das gewünschte Geld durch eigene Arbeit anzuhäufen.
Sechs Stunden Schlaf, eine Stunde am Tag für Hygiene etc., etwas Zeit für den Arbeitsweg (falls notwendig) ergibt locker 16 Stunden am Tag, in denen man durch Arbeit Geld verdienen kann. Je nach Lohn pro Stunde kann da durchaus was zusammen kommen. Wenn man sich mindestens 6 Tage pro Woche (siehe Punkt 3, aber einen Tag sollte man sich ausruhen) beschäftigen kann und einen guten Stundenlohn ausgehandelt bekommt, nebenbei die Fixkosten pro Monat gering hält,

kann man sicher um die 1500 Euro pro Monat bei Seite packen. Macht im Jahr schon mal 18000,- angehäuftes Vermögen. Fleiss statt unternehmerisches Risiko. Dauer bis zum Millionär: Ca. 55 Jahre, ohne Zinsen und weitere Investitionen.
Ach, so hat man sich das nicht gedacht? Dann seit ihr nicht die richtigen, um Millionen anzuhäufen. Natürlich muss man diesen Weg nicht so gehen, aber man sollte bereit sein, sich mit sowas zu arrangieren. Von nichts kommt nichts ist nicht nur eine Floskel. Hat man erstmal ein Startkapital beisammen, dann tun sich ja ganz andere Möglichkeiten auf (siehe Punkt 1).
Ein Unternehmen bzw. eine Firma ist schnell gegründet. Das Ordnungsamt wird euch dabei helfen. Die Leute vom Finanzamt sind auch sehr hilfsbereit (solange man die nicht verarscht und das merken die, die sind vom Fach).
Was aber höchst wahrscheinlich nicht funktionieren wird: Eben eine Selbstständigkeit anmelden (EDV-Service, Haus-und Gartenservice, private Altenpflege, mobiler Frisör, Web-Designer) und warten, bis die Kunden sich melden und dann die Kohle scheffeln. Denn Tatsache ist: Die meisten, die solch einen Traum haben und starten, kriegen ihren Arsch einfach nicht hoch und haben wahrscheinlich schon in einem gewöhnlichen (aber durchaus ehrenwerten) Arbeiter- oder Angestelltenverhältnis nicht den jeweiligen Chef von ihren Fähigkeiten überzeugen können.
Wie soll es dann klappen, wenn die sich um alles selbst kümmern müssen? Viele machen sich ja nicht mal die Mühe, sich mit den Regelungen zur MwSt auseinander zu setzen, geschweige denn Gewerbesteuer, Firmenformen etc. Denn ahnungslose Arroganz ist nie ein guter Begleiter (siehe Punkt 2).
Beim Schreiben merke ich schon, dass ich nicht so schnell zu dem Punkt komme, wo ich eigentlich drauf hinaus will. Also mache ich da mal einen Dreiteiler von. Und um vielen schon mal den Wind aus den Segeln zu nehmen: Natürlich hört man immer wieder von Personen, die quasi über Nacht durch irgendwas zu ungeheurem Vermögen kamen, ABER: Jeder von denen kann irgendwas (und das oft besonders gut) und geschenkt wird einem nix.
Wenn ihr glaubt, es kann doch so einfach sein, hier gleich mal eine Geschäftsidee: Besorgt euch eine knackige Domain samt Webspace und

eröffnet dort eine Community, die besser und erfolgreicher(!) als Facebook ist. Nun etwas Pflege, etwas warten und zack! da kommen die Millionen!
Oh, so einfach ist das dann doch nicht? Dann wartet gespannt auf den nächsten Teil...

Schnauer

Neulich im Radio, beim Wetterbericht, da verhaspelte sich die Moderatorin beim Wort "Schneeschauer" in dem sie zunächst "Schneeschnauer" sagte und einige Versuche brauchte, um das zu korrigieren. Kann ja mal vorkommen. Wenn man aber mal die Wetterberichte in dieser Jahreszeit aufmerksamer verfolgt, dann ist da auch oft die Rede von Griesel, Graupel und neuerdings sogar von "Geflöckel". Wobei ich mir beim Letzteren noch am meisten vorstellen kann.

Nun schwirrte der Schneeschnauer noch einige Zeit in meinem Kopf und ich kam zu dem Schluss, dass man das durchaus verwenden, bzw. abkürzen kann. Wenn also (kurze) Schneeschauer zu erwarten sind, dann können da halt "Schnauer" kommen. Vermeidet Sprachstolperer und nach meiner Kenntnis ist dieses Wort noch nicht mit einem Geschehen oder einer Sache behaftet, kann also verwendet werden. Ich erzählte meiner Frau davon und weil diese so verständnisvoll und intelligent ist fand sie das auch gleich vernünftig (zumindest vermittelte sie mir diesen Eindruck).

Aus dieser Herleitung von mir entwickelte sich ein Gespräch, welches herrlich entspannt ablief, da keiner von uns beiden eine vorgefestigte Meinung hatte: Es ging um das Thema, warum Dinge eigentlich heissen wie sie heissen. Warum auch immer, ich stellte spontan fest, dass die Bezeichnung "Weltraum" ganz und gar unpassend wäre, eher ginge da schon, wenn auch ähnlich unpräzise, "Raum zwischen den Welten", was meine Frau dann sinnvollerweise zu "Razwidewe" abkürzen wollte. Eine nicht weniger akzeptable Bezeichnung als alle anderen schon existierenden für eben diesen Raum. Naheliegend ist dann auch, dass wir zu dem Schluss kamen, "Raumschiff" sei ja nun wirklich ein sowohl veraltetes als auch irreführendes Wort für die in diesem Raum zu verwendenden Apparate. Nach reiflichem Grübeln (sicher auch so ein Wort wie Graupel oder Schnauer) befand ich, dass "Vakuumdroschke" nicht nur besser passte sondern auch dennoch die gleiche traditionelle Verbundenheit zeigt wie der Wortteil "Schiff". Wusstet ihr übrigens, dass das "tauchen" ursprünglich allgemein das Bewegen in nicht atembarer Atmosphäre bedeutete, nicht nur in Wasser? Ich habe das

leider erst nach der Unterhaltung mit meiner Frau erfahren, sonst hätte ich vielleicht "Raumtauchmaschine" vorgeschlagen (Sicher bin ich mir nun aber nicht mehr, wenn ich darüber nachdenke).
Auf jeden Fall ist die nächsten Tage nicht mit Schnauern zu rechnen, das ist doch auch was. Es könnten ja auch kleine Froschartige fiese Viecher mit **Schn**abel und scharfen **H**au**ern** sein, die einem in die Fersen beissen wollen.

„Frauen pupsen nicht"
Eine der grössten Lügen der Menschheit

Wilde Tomate

Wir pflanzen jedes Jahr Tomaten in einen Kübel auf unserer Terasse. Weil das so schön wächst und weil man sich an diesem frischen, selbstgezogenen Gemüse so fein erfreuen kann. Bevor die Pflanzen rausgepflanzt werden, werden sie mit grosser Sorgfalt im Wohnzimmer auf der Fensterbank aus Samen herangezogen. Wenn sie robust genug sind, kommen sie raus. Nicht alle Pflänzchen werden was, mehr als drei pflanzen wir nie raus, weil "unsere" Tomaten immer wachsen und wuchern wie verrückt.

Letztes Jahr hatten wir spät in der Saison immer noch grüne Früchte dran, die einfach nicht rot und reif werden wollten. Das Internet sagt dazu, man solle die noch grünen Tomaten an Bindfäden an einen dunklen, trockenen Ort hängen, dort würden sie nachreifen. Taten sie auch. Und es wäre sicher lecker geworden, wenn wir nicht einen Teil dort vergessen hätten. Als ich sie wiederentdeckte, waren sie nicht nur reif, sondern schon eingefallen und matschig (aber nicht schimmelig oder so). Vorsichtig nahm ich den Faden in die Hand, ging damit durch die Haustür und wollte so das ganze Gebämsel in die Biotonne werfen. Noch auf halbem Wege entschieden sich die Früchtchen, ihrem Schicksal zu entgehen, zu fliehen und folgten der Schwerkraft. Die Folge war eine breitgefächerte rote Matschepampe auf Waschbetonplatten. Das erste, was ich tat: Einfach umdrehen und wieder reingehen. Durchatmen.

Da die Sonne gut schien, wurde die Pampe schnell trockener und schon am nächsten Tag konnte ich das einigermassen einfach entfernen, die meisten Reste sogar zusammenfegen. Das war, wie gesagt, letztes Jahr. Gestern blickte meine Frau zufällig nach unten neben unsere Altpapiertonne und stupste mich an…. was sehen wir? Ein Tomatenpflänzchen zwängt sich aus dem Spalt zwischen zwei Platten und reckt frech seine Zweige Richtung Sonne. Ein Tomatenkern hat wohl dort überwintert und ist in diesem Sommer einfach mal herausgewachsen. Nix mit Hege und Pflege und grossziehen auf der Fensterbank! Ich lasse die dort erstmal stehen, solange sie nicht stört und sollte sie noch Früchte tragen dann werde ich die Kerne für das nächste Jahr gut aufbewahren. Solch robustes Zeug muss man erhalten!

Dies ist nun sicherlich nicht eine von den überraschenden Abenteuergeschichten, die einen verdutzt umhaut, aber ich fand es schon erwähnenswert, das so was passiert. Wir achten immer darauf, dass wir unsere Tomaten regelmässig giessen, dass sie kein Wasser von oben bekommen, in gut gedüngter Erde wachsen können, die Pflanzen werden regelmässig ausgegeizt und gestützt… und da kommt so ein kleines verwegenes Tomatensämchen aus einer überreifen geflohenen Frucht und macht einfach, was es will. Ganz ohne Obhut.

Das zeigt mir wieder einmal, wenn auch in sehr überschaubaren Rahmen, dass die Natur durchaus ohne uns auskommt, wir aber nicht ohne sie… da hilft es auch nicht, wenn ich quasi selber Schuld bin, weil ich ja die Tomaten(kerne) im wahrsten Sinne "um die Ecke" gebracht habe…. ich freu mich schon für unsere Erde, wenn wir Menschen mal nicht mehr sind und die Natur sich wieder alles zurückholen kann. Auch wenn das gerne noch sehr lange dauern kann, bis es so weit ist.

Jeder kann Millionär werden 2

Hier geht es nun weiter auf dem Weg zum Millionär:
Es gibt im Grunde zwei Möglichkeiten, sein eigenes Arbeitsleben zu gestalten (Sicherlich gibt es noch einige Varianten und sogar Mischformen, aber wir wollen es auf das Wesentliche reduzieren):

Man ist Angesteller einer Firma
Man ist Inhaber einer Firma

Beide Varianten haben ihre Vor- und Nachteile. Arbeitet man für eine Firma, dann erzeugt man ja auch Gewinne für diese Firma, man selbst erhält durch das Gehalt quasi nur einen Teil der Entlohnung für seine eigene Arbeit. Aber dafür trägt man auch nicht das unternehmerische Risiko, welches durchaus beachtlich sein kann.
Nebenbei ist man aber immerhin Sozialversicherungstechnisch versorgt. "Minus" macht man im Allgemeinen als Angestellter nicht, als Chef durchaus schon. Das sollte man bedenken bei der Vermögensanhäufung! Sollte man also beispielsweise irgendwas handwerklich o.ä. gut können, aber dieser "ganze Papierkram und diese Gesetze" etc. sagen einem nix, dann sollte man versuchen, einen Arbeitgeber zu finden, der die eigenen Fähigkeiten zu schätzen und entlohnen weiss. Gute Leute werden immer gesucht! Wenn ihr Chef sein würdet, wollt ihr ja auch keinen durchschluren sondern er (oder sie) soll das Geschäft bereichern.
Vielleicht gewinnt man in der Firma ja nach und nach Einblicke in diverse Geschäftsbereiche und/oder Abläufe, so dass man mehr das Gesamtbild sieht und sich gewinnsteigernd einbringen kann. Aber Vorsicht: Der Grat ist schmal zwischen "ich bringe mich ein" und "ich mische mich in Dinge ein, die ich nicht verstehe und halte andere von der Arbeit ab"! Gut ist immer, durch eigene Leistung zu glänzen. Redet mit dem Chef, lasst euch Dinge erklären: z.B. wie wird eigentlich kalkuliert? Wie setzen sich Stundenlöhne zusammen? An welchen Stellen wird wenig verdient? Solche Kenntnisse können einen motivieren und Motivation bringt letztendlich Geld Derlei funktioniert natürlich am besten in mittelständischen Unternehmen ohne grosse

Hierarchien und Strukturen. Grosse Konzerne wie Siemens, VW, Telekom etc. sind da wesentlich starrer.
Wie ich aber schon im ersten Teil andeutete ist es eher illusorisch, nur durch eigene Arbeit Millionär werden zu wollen. Besser ist es auf dem Weg zum Reichtum, sich halt notwendige Kenntnisse in der Geschäftsführung/ BGB/ Buchhaltung etc. anzueignen. Und das am besten "am lebenden Objekt", in einer Firma. Ein Buch oder ein Volkshochschulkurs ist sicher hilfreich, aber so ganz ohne Realität und Nachvollziehbarkeit doch schon sehr trocken und mitunter abstrakt. Alternativ kann man sich auch Leute ranholen, die sich damit auskennen, aber erstens teilt man dann auch seine Gewinne und man sollte denen schon vertrauen.
So weit wollte ich eigentlich gar nicht ausholen, aber bei meinen Gedanken über dieses Thema kommen mir immer wieder Bekannte in den Sinn, die in der Vergangenheit meinten, sie könnten mal eben ein Unternehmen gründen und sich ein schickes Leben machen. Die meisten sind kläglich gescheitert und geben natürlich möglichst allen anderen die Schuld. Ich selbst hatte auch schon mal ein Gewerbe angemeldet, musste aber (rechtzeitig) feststellen, dass ich so ganz auf mich allein gestellt nicht gut funktioniere. Immerhin könnt ihr annehmen, dass ich weiss, wovon ich rede. Vielleicht solltet ihr auch noch wissen, dass ich auch Schlossermeister bin und dadurch durchaus geeignete Kenntnisse in der Unternehmensführung habe.
Worauf wollte ich eigentlich hinaus? Jeder kann Millionär werden oder zumindest Reichtum anhäufen. Das geht aber nicht, indem man nur davon träumt und/oder Dinge ausblendet, die die ganze Sache vielleicht mühsamer erscheinen lassen. Wichtig ist: Machen!

Und man sollte auch nicht zu lange warten, denn irgendwann hat man so viele "sonstige" (meist private) Verpflichtungen, welche einen zu sehr ausbremsen und einen das Wagnis nicht mehr riskieren lassen. Mit einer schwangeren Ehefrau und einem frischen Hausbau hat man weder die nötige Zeit noch das nötige Geld über, um den richtigen Start zu finden. Wer dazu in der Lage ist, hat es vermutlich schon längst vorher gewagt. Hat man aber die privaten Verhältnisse geordnet oder zumindest im Griff, dann könnte es losgehen.

Auch ganz wichtig: Das Verhältnis zu anderen Leuten. Es ist immer gut, viele Leute zu kennen und am besten Geschäftsleute   Eigenbrötler werden vermutlich zwar tolles leisten, aber die monetäre Anerkennung wird ausbleiben. Das sind dann meist mehr Künstler als Kaufleute…
Ja, auch solche kommen schon mal zu Ruhm und Geld, aber wer sich nun ausmalt, als Popstar, Buchautor oder Pornodarsteller dahin zu kommen hat auf jeden Fall eher schlechtere Chancen. Nicht jeder, der Dieter Bohlen persönlich kennt ist selbst automagisch reich, und selbst "C-Promi" zu werden, ist sicher heutzutage keine leichte Aufgabe (wenn man sowas denn überhaupt will, das sind doch auch nur alles Loser, ähnlich den von mir erwähnten Bekannten).
Nein, ihr müsst besser vorgehen: Schnappt euch eine Idee, lotet diese aus und macht das beste draus! Fleiss und Einsatz sind wichtig. Und Ideen gibt es genug. Weil das hier aber wieder viel zu lang geworden ist und ich immer wieder abschweife (ich wollte nichts von dem löschen, was ich schon schrub), packe ich das Ende in einen dritten Teil.

„Man kann soviel Fett essen wie man will, es muss nur Senf dabei sein"
mein Opa vor einem Eisbein

Der Herr der Ringe

Nun ist Mittelerde wieder in aller Munde bzw. Augen: "Der Hobbit" kommt in die Kinos und überall wird nicht nur davon, sondern auch wieder vom Vorläufer, der geschichtlich eigentlich ein Nachfolger ist, erzählt: Der Herr der Ringe.
Ich konnte den Hype darum (leider?) nie begreifen. Vielleicht hätte ich Tolkien lesen sollen. Aber in meiner Prioritätenliste an Dingen, die ich unbedingt noch lesen möchte, wären J.R.R.'s Bücher -wenn sie überhaupt auf der Liste wären- seeehr weit unten. Ich will nicht sagen, dass Fantasy nicht meine Welt ist, aber... doch: Fantasy ist nicht meine Welt. Lieber mag ich es technisch, logisch und/ oder informativ. Und (und) aber um das Genre zu retten: Ich bin beispielsweise ausgesprochen begeistert von Harry Potter!
Doch, ich habe mir die drei zeitfressenden Filme auch angeschaut. Immer dann, wenn sie mir irgendwann mal vor die Füsse fielen. Und als dann der zweite HdR-Film vor meinen Augen flimmerte wusste ich schon gar nicht mehr, wer wer ist und worum es jetzt noch mal geht. Genau so beim dritten Teil, der zumindest mehr "Action" enthielt. Da ist wohl ein Ring, der böses macht, und dieser soll in einen bestimmten Schlund geworfen werden. Stimmt das so weit? Ja, die Panorama-Aufnahmen waren prächtig, natürlich nur richtig auf grosser Leinwand zu geniessen. Aber diese eeewige Latscherei durch die Gegend, die oft öden Dialoge ("komm, wir müssen weiter" in diversen Mutationen), das war nix für mich. Ich war immer heidenfroh, wenn mal was Spitzohriges oder Kleinwüchsiges oder Langbärtiges um die Ecke kam und die Kulisse bereicherte. Ich habe auch nie verstanden, warum sich dieser Haufen von Lebewesen verschiedener Gattungen zusammen getan hat, um was auch immer zu erreichen. Warum war dieser Zwergenkönig immer so griesgrämig und gegen alles, latscht aber dennoch (häufig, aber wohl nicht immer?) mit durch die Gegend? Wenn die Elben so stark und tapfer sind, warum muss dann son Fussbehaarter Hobbit mit seinem verwirrten Kumpel die ganze Scheisse durchstehen? Und stets diese wagen, nicht nachvollziehbaren Andeutungen von Gandalf & Co, dass "das Ende" bevor stehe und eigentlich alles keinen Sinn mehr habe...Warum gibt es unbesiegbare Zauberer, die dann

trotzdem besiegt werden? Ausserdem hab ich ständig Sauron und Saruman durcheinander gekriegt. Mit den sprechenden und laufenden Bäumen konnte ich mich noch am besten arrangieren.
Und: Wer ist denn nun dieser Herr der Ringe? Irgendwie habe ich das gar nicht mit bekommen. Ein Kollege (Herr P. aus O., genannt Matze), seines Zeichens Fantasy-Fan, der alles total toll findet, wo Orks, Elben und sonstige Barbaren und Fabelwesen drin vorkommen, konnte mir die Frage nicht beantworten. Er grübelte darüber nach, fing einige Halbsätze mit Frodo... Golum... an, brachte aber keinen zu Ende. Ich glaube in seinem Kopf schwirrte die ganze Zeit der Gedanke, wie man denn eine solche frevlerische Frage überhaupt stellen könne.

Der Weltuntergang

Diesen Artikel schrieb ich offensichtlich seinerzeit aus aktuellem Anlass. Da aber die Vorhersage des nächsten Weltunterganges ganz sicher nicht lange auf sich warten lassen wird, wird dieser Text wohl ewige Gültigkeit haben (oder zumindest bis 2015):

***

Nun sind es nur noch vier Wochen, bis (nach Aussagen einiger Experten auf Grund der Auswertung von Berechnungen der Mayas) die Welt untergehen wird. Habt ihr schon alle Vorbereitungen getroffen? Alles Ersparte ausgegeben, vielleicht sogar ordentlich Schulden gemacht? Schnaps, fettiges Fleisch und Kondome organisiert? Ach was, Kondome braucht man ja gar nicht: Wird ja das letzte mal sein, dass man sich so richtig gehen lassen kann und sowas wie Reue braucht man nicht befürchten: Das Ende der Welt naht, da kann man nix gegen tun. Ausser noch mal all das machen, was man schon immer gewollt hat aber sich nie traute.

Zehn Dinge, die man kurz vor dem Weltuntergang noch mal machen könnte:
1. Morgens nicht die Zähne putzen
2. einen geliehenen, überfälligen Film aus der Videothek nicht zurück bringen
3. den nagelneuen Prozessor im PC mal richtig übertakten
4. im Stehen pinkeln
5. nicht durchgegartes Hähnchenfleisch essen
6. Ohne Mütze rausgehen
7. Gute Vorsätze für Silvester ausdenken
8. Im Puff bezahlen, aber nicht bumsen
9. mit dem Rauchen anfangen
10. mit dem iPhone eine Flasche Bier aufmachen

Klingt alles gut, aber ich muss euch enttäuschen.
Habt ihr denn nicht aufgepasst, damals 1985? Da sponnen sich die ersten Fäden in Richtung einer Zukunft, die einige Jahre über den 21.12.2012 hinaus reicht, als Doc Brown den Flux-Kompensator erfand, und dann:

Zurück in die Zukunft (2)
Im Film wird beschrieben, wie Marty McFly mit dem befreundeten Wissenschaftler Dr. Brown per Zeitreise in das Jahr 2015 aufbricht, um dort einen Vorfall zu verhindern.

Und da wir hier von einer Zeitmaschine reden, wird das, was in der Zukunft geschieht, auf jeden Fall eintreten, sonst könnte man das in der Gegenwart ja gar nicht beschreiben. Logisch, nicht wahr? Also passt auf, was ihr zwischen dem 20.12. und 22.12. so treibt, damit ihr euch gegebenenfalls nicht mindestens die nächsten drei Jahre damit rumärgern müsst.
Wer jetzt sagt "Ey, das ist doch nur ein Film!", dem antworte ich "Ey, ist doch nur ein Kalender!" Oder doch lieber, wie Doc Brown vielleicht sagen würde: *"Pfeif drauf!"*? Denn der jetzt angedachte Weltuntergangstag ist auf jeden Fall mal ein Grund für ne coole Party, zumal es ein Freitag ist, zumindest nach "unserem" Kalender…

PS: Bei Punkt zwei in der Liste ist mir bewusst geworden, wie altmodisch ich sein kann. Gibt es überhaupt noch Videotheken?

Laika

Am 03. November 1957 wurde das erste Lebewesen von Menschenhand in eine Erdumlaufbahn gebracht. Bei diesem Lebewesen handelte es sich um die Hündin Laika, die streunend in den Strassen von Moskau aufgegriffen wurde. Während der Vorbereitungen zum Start der Mission waren noch zwei weitere Hunde beteiligt, aber nur Laika zeigte das erforderliche ausreichend ruhige Verhalten, welches für dieses brisante Vorhaben notwendig war. Natürlich wusste man schon vorher, dass Laika nach dem Start nie wieder lebend die Erde sehen wurde. Dazu war die Entwicklung noch lange nicht weit genug voran geschritten. Aber immerhin hatte man nach ca. 10 Tagen vergiftetes Futter vorgesehen, um ihr unnötige Todesqualen zu ersparen. Wie sich erst Jahrzehnte später rausstellte, ist Laika schon einige Stunden nach dem Start gestorben, vermutlich aus einer Kombination von Überhitzung und Stress.

Ob ihr Opfer nun sinnlos und unnötig war, darüber möchte ich nicht reden. Tatsache ist, dass man vor Sputnik 2 nicht wusste, ob ein Lebewesen überhaupt in der Schwerelosigkeit überleben kann. Und Laikas "Einsatz" hat zumindest dieses bestätigt und damit die Entwicklung der "menschlichen Raumfahrt" enorm voran gebracht.

Vorsicht, nun kommen verwirrende Fakten:

Interessanterweise war die Sputnik 2 noch gar nicht an der Reihe. Die eigentlich geplante Sputnik 2 sollte ursprünglich die Sputnik 1 sein war aber bei weitem noch nicht fertig und so dengelte man eben schnell etwas neues zusammen. Die planmässige Sputnik 1 wurde erst die geplante Sputnik 2 und dann als dritte doch noch am 15.05.1958 hochgeschossen. Dafür wurden auch rückwärtig betrachtet die zu bewegenden Lasten enorm reduziert. Die Sputnik 3 hatte letztendlich ein Gewicht von gut 1300Kg, die eilig vorgezogene erstgestartete Sputnik 1 wog nur knapp 84Kg (nur vier Wochen vor Laikas Reise). Laikas Raumschiff kam immerhin auf eine gute halbe Tonne. Bezüglich der zu bewegenden Massen muss man bedenken, dass man ja auch entsprechende Schubkraft (= Raketen) benötigt, um die Erdanziehung zu überwinden und in einen Orbit um die Erde zu gelangen. Die Raketentechnik war aber "eigentlich" noch nicht so weit.

Die Russen hatten enormes geleistet, als Sputnik 2 mit Laika an Bord die Erdumlaufbahn erreichte. Und auch wenn es ihnen nur um einen globalen Wettkampf, einen politischen Vorsprung ging: Der erste Schritte musste getan werden, von wem auch immer, weil die Menschheit schon immer sehnsüchtig in den Himmel geschaut hat.

Danke, Laika. Und auch wenn du das alles sicher nicht verstanden hast, was dich verwirrt hat und was dir deine Trainer sicher oft erklärend und tröstend in die Ohren geflüstert haben: Du warst die erste!

Jeder kann Millionär werden 3

Nun mein Fazit nach viel Geschriebenem:
Wer wirklich versucht, reich zu werden, der kann es auch schaffen. Aber es geht eben nicht "eben schnell" und sicher nicht ohne Mühen und Fehlschläge. Jeder macht mal Fehler. Wichtig ist, daraus zu lernen, denn dann bekommt man die Erfahrung, die man braucht.
Wichtig ist auch eine gewisse Risikobereitschaft, denn ohne Wagnis kein Gewinn. Hier für die, die Handel betreiben wollen, noch eine Floskel, über die man etwas nachdenken sollte: "Der Gewinn liegt im Einkauf!" Ihr werdet sicher Leute treffen, die euch erzählen wollen, dass das so nicht stimmt. Wenn ihr aber etwas über Kalkulation lernt, dann kommt ihr schon selbst drauf, was richtig ist.
An alle Handwerker, Tüftler, Bastler: Wenn jemand etwas richtig gut kann, dann kann er damit auch Geld verdienen. Traut euch was! Aber versucht nichts, was ihr selbst nicht gut findet, nur um des Geldes willen. Und nur weil alle sagen, dass eure Wohnung so hübsch ist seid ihr noch lange keine Raumausstatter Immer realistisch bleiben und nie die Unkosten aus dem Auge verlieren.
Wenn ihr mit irgendwas begonnen habt, dann verlasst euch nicht auf Mundpropaganda. Schaltet Anzeigen in Zeitungen, macht euch bekannt. Schaut euch aktiv um, wo man eure Dienste brauchen könnte. Bildet und pflegt Kontakte. Habt ihr gerade keine Kunden, keine Aufträge, dann sortiert eure Unterlagen, erledigt wichtige Post, probiert neue Ideen für Produkte etc.
Auf dem Weg zum Reichtum ist für Rumgammeln keine Zeit. Das könnt ihr machen, wenn ihr euer Ziel erreicht habt.

Anmerkung in eigener Sache: Falls einer von euch denken sollte "Wenn der Holger so schlau daherredet, warum macht er das dann nicht selbst!?", hier meine Antwort:
Ich habe genug Ausreden, um das alles nicht zu machen. Ich bin in einer Phase meines Lebens angelangt, wo ich weiss, was ich habe und was ich brauche. All das, was ich schrieb, hätte ich vor 20 Jahren starten sollen, nicht heute. Kurz: Im Grossen und Ganzen bin ich mit meinem Leben zufrieden, wie es ist. Aber das muss ja nicht bei jedem so sein.

Na, wie war dein Urlaub?

Morgen gehe ich nach meinen drei Wochen Sommerurlaub wieder zur Arbeit. Und wie schon gewohnt werde ich erstmal zig hundert eMails überfliegen, löschen und Kollegen Fragen stellen zu Dingen, die schon Wochen her sind, weil ich sie (natürlich) erst jetzt erfahre.
Und genau so sicher wird es nicht lange dauern, bis ein Kollege kommt und fragt "Na, wie war dein Urlaub?". Ich mag solche Fragen nicht. Das soll wohl Small-Talk sein, aber was soll man darauf antworten? Wird erwartet, dass daraus eine längere Unterhaltung resultiert, dass ich ausführlich die letzten drei Wochen als mündlichen Bericht wiedergebe? Oder ist das nur eine von den hingeschmissenen Floskeln, wo man dann so was sagt wie „Ja, war toll, aber könnte länger sein, haha, jaja, aber muss ja" und dergleichen Inhaltslosen Kram mehr? Wobei ich schon weiss, dass der ein oder andere Kollege bei solch einer Frage nur auf eine Aussage meinerseits wartet, wo er einhaken kann und mir gleich ins Wort fällt mit Worten wie „... ah ja, das hatte ich auch, aber der Hammer, du glaubst das nicht, du wirst lachen, rate mal, was mir passiert ist" und dann kann ich mir irgendeine kacklangweilige Story anhören, die vermutlich zum grossen Teil auf falsch und übertrieben dargestellten Fakten beruht.

Also wird meine Antwort vermutlich, wenn ich zu dem Zeitpunkt bereits genug Kaffee bekommen habe, lauten:
„Ja, das war so: Gleich zu Beginn meines Urlaubs wurde ich durch einen bewusst herbeigeführten Autounfall entführt, weil ich so ähnlich aussehe wie Bernd Schuster und es Gerüchte gibt, der soll neuer Bundestrainer werden. Ich wurde erst schwer gefoltert, weil ich die Unterschrift unter der Lösegeldforderung verweigerte, letztendlich hat man mein Leben durch einen Kopfschuss beendet und mich Sicherheitshalber noch geviertelt. Meine Reste wurde einem Haufen ausgehungerter Hunde vorgeworfen, welche man dann in Säcke steckte und den Haien zum Frass im Meer versenkte, um ganz sicher zu gehen. Weder die Öffentlichkeit noch Bernd Schuster kriegten etwas davon mit und so ist man noch immer auf der Suche nach mir, in der Hoffnung, ich lebe noch. Im Laufe der Wochen sind meine Chancen aber auf

unter 5% geschrumpft. Das alles war aber eher ein Segen für mich, weil ich eh schon längst mit dem einen Auto zum TÜV gemusst hätte und ich ausserdem erfuhr, dass ich eine uneheliche Tochter mit einer ehemaligen Agentin der ehemaligen Sowjetischen Militärmission hätte, damals in der Grundausbildung in Goslar, ich kann mich aber nicht erinnern und nun sollte ich ein paar Botengänge für den KGB machen, was aber nicht ging, weil die NSA aus meinen Mails die Information gewann, dass ich Schwul sei (Tipp: Schreibe nie in einer Mail über Gartenschläuche, Hintereingänge, Butter und Rasieren, da spielen wohl die Filter verrückt), auf jeden Fall wollte das FBI gerne, dass ich ein paar Botengänge für sie mache und Bernd Schuster war total verwirrt, als der BND ihn über all das ausfrug. Aber naja, nun ist der Urlaub ja vorbei, also muss ich wieder zur Arbeit, deswegen bin ich hier, nutzt ja nix".

Gibt es so was wie eine Smalltalkphobie? Dann hab ich das wohl.

„Rauchen macht schlau und
fördert die Anerkennung in der Gruppe"
Ein guter alter Freund

OK, einen noch…

Hier noch ein Witz, der sooo dermassen alt ist, dass ihn eigentlich jeder kennen müsste. Wie ein kleiner Feldtest unter Bekannten ergab, ist das aber nicht so.

Kommt ein Mann in eine Gaststätte und hat voll Hunger. Da sieht er einen anderen Gast vor einem vollen Teller Erbsensuppe sitzen. "Essen Sie das noch? Ich hab echt Hunger…".
Der andere Gast winkt ab "…ja nee, das esse ich nicht mehr".
Unser Mann setzt sich hin und löffelt den Teller Suppe in sich rein. Als er die Suppe fast auf hat sieht er unten drin eine tote Maus und kotzt sofort alles wieder aus.
Darauf der andere Gast: "So weit war ich auch schon".

Der blasse blaue Punkt

Und hier ein Artikel, den ich schrieb, als ich von dem dort erwähnten Bild erfuhr. Diesen Artikel habe ich aber nie veröffentlicht. Aus einem ganz banalen Grund: Die Berliner Band „Knorkator" hat mal einen Song rausgebracht, der heisst „Fortschritt". Und der Text des Liedes hat doch recht viel Ähnlichkeit mit meinem Artikel. Und ich kann mich beim besten Willen nicht erinnern, ob ich diesen Song gehört hatte, bevor ich diesen Artikel schrieb. Wenn das so wäre, dann hätte ich schlicht abgekupfert, das will ich natürlich nicht. Ausserdem steckt in dem Lied einiges mehr drin, als man bei erstmaligen Hören glauben mag. Aber ich denke, als letzter Beitrag in diesem Buch ist der Artikel doch ganz passend:

***

Es gibt ein ganz besonderes Foto von der Erde. Dieses Foto hat sogar einen Namen: Pale Blue Dot (eben der „blassblaue Punkt"). Es wurde aufgenommen von der Raumsonde Voyager 1 aus einer Entfernung von etwa 6 Milliarden Kilometern(!), der größten Distanz, aus der jemals ein Foto der Erde gemacht wurde *(Wikipedia)*.

Die für mich wesentliche und erstaunliche Information, über die ich lange nachgedacht habe: Die Erde nimmt lediglich 12 % eines einzelnen Bildpunkts ein. Das ist verdammt klein, man muss die Erde regelrecht suchen auf diesem Bild. Und aus dieser Entfernung ist es genauso verdammt egal, ob der Äquator 40000 km lang ist, es fünf bis sieben Kontinente gibt, die Erde zu 70% aus Wasser besteht, ob sie über 7 Milliarden Menschen und noch viel mehr Tiere und Pflanzen beherbergt. Ausserdem sind Schulden egal, genau wie Besitztümer und Geld. Und Grosskonzerne, Ländergrenzen, Religionskriege, Götter, Tempel, Kirchen, Hochhäuser, 3Liter-Autos, Y-Trassen, Stromtrassen. Oder Tsunamis, Hungersnöte, Bürgermeisterwahlen, Vulkanausbrüche, Musik, Ruhe, Überschwemmungen, Erdbeben, Bezahlfernsehen, Fifa, Facebook, Twitter, Blogs, Nobelpreise, Opern, Opas, Seifenopern, beste Reinigungsmittel, saubere Zähne, Obdachlosigkeit, Vergewaltigung, Drillingsgeburten, Geburtenraten, Kinderbücher, Kuscheltiere, Friedhöfe, Trauer, Verrat, Treue, Werbung, Kreditkarten,

TÜV, Ampeln, Analphabeten, Kleincomputer, mobile Erreichbarkeit, Hafengebühren, Maut, Busengrösse, Wahlperioden, Wahlversprechen, Einzelhaft, Lebenslänglich, Miete, Tilgung, Tageszeitung, Denkmäler, Dodos, Kabelbrand, Überfischung, Vermüllung, Rohrverstopfung, Ebola, Paketlieferung, Urlaub, Überstunden, Arbeitslosigkeit, Freizeitgestaltung, Schlafmangel, Alkoholkonsum, Fettleibigkeit, Appetitmangel, Serienstarts, Online-Status, Spielstand, Schlaganfall, Disco, Abschleppen, Waschen, Fahrpläne, Nachbars Garten, Bucherfolge.

Man muss nur genug Abstand nehmen.